国家出版基金项目
NATIONAL PUBLICATION FOUNDATION

"十三五"国家重点图书出版规划项目
建设现代化经济体系丛书

建设现代化经济体系论纲

JIANSHE XIANDAIHUA JINGJI TIXI LUNGANG

王一鸣◎著

SPM
南方出版传媒
广东经济出版社
·广州·

图书在版编目（CIP）数据

建设现代化经济体系论纲 / 王一鸣著. —广州：广东经济出版社，2020.6

（建设现代化经济体系丛书）

ISBN 978-7-5454-7229-5

Ⅰ. ①建… Ⅱ. ①王… Ⅲ. ①中国经济—经济体系—研究 Ⅳ. ①F123

中国版本图书馆CIP数据核字（2020）第072241号

责任编辑：韩文君　宋昱莹
责任校对：李玉娴
责任技编：陆俊帆

建设现代化经济体系论纲
JIANSHE XIANDAIHUA JINGJI TIXI LUNGANG

出版人	李　鹏
出　版 发　行	广东经济出版社（广州市环市东路水荫路11号11~12楼）
经　销	全国新华书店
印　刷	广东海洋印刷有限公司 （佛山市南海区里水镇和桂工业园A区和安南路1号F栋1~2楼）
开　本	787毫米×1092毫米　1/16
印　张	16　2插页
字　数	213千字
版　次	2020年6月第1版
印　次	2020年6月第1次
书　号	ISBN 978-7-5454-7229-5
定　价	46.00元

图书营销中心地址：广州市环市东路水荫路11号11楼
电话：（020）87393830　　邮政编码：510075
如发现印装质量问题，影响阅读，请与本社联系调换
广东经济出版社常年法律顾问：胡志海律师

建设现代化经济体系丛书

编 | 委 | 会

总 序

呈现在读者面前的，是一套以“建设现代化经济体系”为主题的学术丛书。

从党的十九大根据我国社会主要矛盾以及经济发展阶段发生的重大变化作出建设现代化经济体系的战略部署，到党的十九届四中全会从制度建设意义上赋予建设现代化经济体系推动经济高质量发展的制度保障新内涵，在中国，围绕建设现代化经济体系的理论和实践探索一直在持续。

建设现代化经济体系不仅是跨越转变发展方式、优化经济结构、转换增长动力等关口的迫切要求，而且是关乎我国发展的战略目标，是推动经济高质量发展的制度保障。现代化经济体系不仅是推动经济高质量发展的基础性和支撑性要素，而且在其制度体系中居于“四梁八柱”地位。

现代化经济体系，是由社会经济活动各个环节、各个层面、各个领域的相互关系和内在联系构成的一个有机整体。这一体系所覆盖的内容相当广泛，既包括创新引领、协同发展的产业体系，也包括统一开放、竞争有序的市场体系；既包括体现效率、促进公平的收入分配体系，也包括彰显优势、协调联动的城乡区域发展体系；既包括资源节约、环境友好的绿色发展体系，也包括多元平衡、安全高效的全面开放体系；等等。因而，围绕现代化经济体系的建设，是一项复杂的系统工程，牵涉领域广，影响范围大，亟须站在历史新的更高起点上，对建设现代化经济体系所涉及的一系列重大理论和实践问题展开深入而系统的研究。以此为基础，为建设现代化经济体系提供学理支撑和方法论支持。此乃本套丛书的立意与宗旨。

本套学术丛书的编辑出版设想，可追溯至2017年末。当时党的十九大闭幕不久，广东经济出版社的领导和几位编辑就专程赴京，邀请张卓元教授和高培勇教授担任主编，并安排《经济研究》编辑部具体负责，计划组织、编辑一套建设现代化经济体系丛书。认识到建设现代化经济体系的极端重要性，主编和编辑部随即组织研究了编辑出版方案。初步确定本套丛书由七本书构成，包括一本总论和六本分论（根据党的十九大报告第五部分《贯彻新发展理念，建设现代化经济体系》的六个小标题而定），并请对这一问题有深厚研究基础的专家执笔撰写。

2018年2月4日，丛书编委会在北京举行了论证会。出席会议的委员共有8人，分别是（按姓氏汉语拼音排序）：迟福林、高培勇、郝寿义、黄群慧、王一鸣、袁富华、张晓山、张卓元。会议由张卓元教授和高培勇教授主持，就如下一些重要问题达成了高度共识：

第一，关于丛书的意义与定位。委员们高度认可丛书的编辑出版工作，认为这是一项直面新时代中国重大经济问题的出版工程，对于推动经济高质量发展具有重大理论和实践意义。

第二，关于丛书的主要内容。委员们认可丛书的内容体系。除总论之外，其余六本的内容方向分别为：深化供给侧结构性改革、加快建设创新型国家、实施乡村振兴战略、实施区域协调发展战略、加快完善社会主义市场经济体制、推动形成全面开放新格局。

第三，关于丛书的特色。委员们认为，要厘清理论依据、理论体系，同时，要处理好丛书各分册选题所代表的各相关领域之间以及各相关领域同现代化经济体系之间的逻辑关系。既注重用理论解释现实，又力求对实践经验作出理论概括。

第四，关于丛书的主编和作者。本套丛书由张卓元和高培勇主编，各分册的书名和作者分别为：

《建设现代化经济体系论纲》，王一鸣。

《深化供给侧结构性改革》，张平、袁富华。

《创新发展理念与创新型国家建设》，黄群慧、贺俊、杨超。

《乡村振兴战略》，张晓山。

《区域协调发展战略》，郝寿义、倪鹏飞。

《加快完善社会主义市场经济体制》，高培勇、常欣、杨新铭。

《推动形成全面开放新格局》，迟福林、张飞、郭达。

第五，关于丛书的文风。委员们主张，丛书应具有较强的理论性、学术性和可读性，坚持文笔流畅、深入浅出、朴实无华、简洁生动。

理论来源于实践，理论又具有前瞻性。现在看来，当初编辑出版"建设现代化经济体系丛书"，确是一件颇具眼光的事情。

广东经济出版社的领导和编辑，《经济研究》编辑部的张永山、王红梅等同志为本套丛书做了大量组稿、审稿、校对、联络等出版工作，在此一并致谢！

时光荏苒。从2018年2月算起，这套丛书的组织编写已历时两年，这套丛书凝聚了各位作者和编者的汗水与心血。我们自知，正如中国史诗般改革与发展的伟大进程一样，经济理论也处于深刻的演进变革之中。由于建设现代化经济体系刚刚起步，积累的经验尚不丰富，加上写作时间仓促，水平所限，书中不足之处和错误在所难免，敬请广大读者批评指正！

建设现代化经济体系丛书编委会

2020年2月

前　言

党的十九大报告在作出我国全面建设社会主义现代化国家“两步走”战略安排的同时，提出了建设现代化经济体系的重大战略任务。这是在“两个一百年”奋斗目标的历史交汇期，着眼于全面建设社会主义现代化强国作出的重大战略部署。

经济体系现代化是国家现代化的基石。只有加快建设现代化经济体系，才能更好地适应世界现代化发展潮流，在日趋激烈的国际竞争中赢得主动，也才能为我国经济、政治、文化、社会、生态等领域实现现代化提供有力支撑，构筑社会主义现代化强国的大厦。可以说，建设现代化经济体系，事关应对百年未有之大变局，事关实现中华民族伟大复兴的战略全局。

2018年1月30日，习近平总书记在中共中央政治局第三次集体学习的讲话中，系统阐明了建设现代化经济体系的重大意义，提出了我国建设现代化经济体系“6+1”的总体框架，包括创新引领、协同发展的产业体系，统一开放、竞争有序的市场体系，体现效率、促进公平的收入分配体系，彰显优势、协调联动的城乡区域发展体系，资源节约、环境友好的绿色发展体系，多元平衡、安全高效的全面开放体系，以及充分发挥市场作用、更好发挥政府作用的经济体制。本书正是基于这个总体框架，对建设现代化经济体系进行具体阐释和论述。

习近平总书记指出，建设现代化经济体系既是一个重大理论命题，更是一个重大实践课题，需要从理论和实践的结合上进行深入探讨。按照这个要求，本书力求全面阐释建设现代化经济体系的理论逻辑和实践要求。全书可分为两大部分。第一章至第四章是总论部分，主要阐明建设现代化经济体系的内涵和重大战略意义，强调推动高质量发展是建设现代化经济体系的战略选择，阐释深化供给侧结构性改革是建设现代化经济体系的重要途径，论述创新是建设现代化经济体系的战略支撑。第五章至第十一章是分论部分，按照“6+1”的总体框架，分章论述和阐释构成现代化经济体系的产业体系、市场体系、收入分配体系、城乡区域发展体系、绿色发展体系、全面开放体系，以及与之相适应的经济体制。

日常的忙忙碌碌使书稿的写作断断续续，前后持续了一年多时间。初稿完成后，国务院发展研究中心宏观经济研究部的兰宗敏副研究员对本书的数据作了系统校核和更新，并帮助绘制了图表；广东经济出版社的韩文君编辑对初稿提出了许多具体修改意见。在此，向他们的支持和帮助表示感谢。

现代化经济体系涵盖了经济发展各个领域。鉴于本人的学识和水平有限，很难在每个领域都达到专业水平。因而，书中难免有粗浅和不当之处，敬请读者批评指正。

王一鸣于北京
2020年3月

目录

第一章

建设现代化经济体系的内涵和重大战略意义

建设现代化经济体系，是党中央从党和国家事业全局出发，着眼于实现“两个一百年”奋斗目标、顺应我国经济由高速增长阶段转向高质量发展阶段的新变化和新要求作出的重大决策部署。现代化经济体系是与社会主义现代化国家相适应的经济体系，是适应我国社会主要矛盾变化的客观需要，是跨越重大关口的内在要求，也是建设社会主义现代化国家的基础工程。

第一节 现代化经济体系是与社会主义现代化国家相适应的经济体系

现代化经济体系，顾名思义，就是我国在全面建设社会主义现代化国家进程中要建设的经济体系。我国即将完成决胜全面建成小康社会的目标任务，开启全面建设社会主义现代化国家新征程。国家强，经济体系必须强。建设现代化经济体系，才能为建设社会主义现代化国家提供有力支撑，确保社会主义现代化强国目标如期实现。深入理解建设现代化经济体系的战略意义，需要考察现代化理论发展、我国现代化建设的历史进程和建设现代化经济体系的内涵。

一、现代化理论的发展

在早期的现代化理论研究中，西方发达国家被认为是“现代社会”，不发达国家被认为是“传统社会”。经典现代化理论就是研究如何实现“传统社会”向“现代社会”的转变。此后，现代化理论不断发展，不再把西方发达国家作为现代化的标杆。新兴国家的迅速崛起让世界看到了多元化现代化道路同样可以取得成功，各个国家不一定要按照西方发达国家的发展模式来发展经济，可以根据自身特点来设计自己独特的现代化道路。新现代化理论认为，并非所有的“传统”都会阻碍经济社会的进一步发展，更加强调文化的多元性，西方发达国家的发展路径不再是现代化的标准模板。

纵观现代化理论的发展，现代化的内涵也在不断发展变化。第一，现代化不再是西方化，不能完全硬套西方发达国家的发展模式和发展经验，是否实现现代化不能单纯以西方发达国家作为标杆。第二，现代化不再是工业化，以新一代信息技术、智能技术、生物技术为代表的新科技革命已经超越工业革命，成为推动全球经济发展的主要力量。第三，现代化标准不再是唯一的，而是多元化的，具体标准要根据各个国家的发展阶段和经济特点等来设立。第四，现代化内涵更加丰富，早期的现代化以经济发展水平为主要标准，这显然不能涵盖人类社会发展的全部内容，科学技术、社会人文、生态环境等都将被纳入现代化的评价范围。第五，现代化没有终点，在20世纪60年代，西方发达国家被认为是现代化的模板，但随着人类社会的发展进步，现代化的内涵也要不断注入新的内容。

二、中华人民共和国成立后我国现代化建设的历史进程

实现现代化一直是中国人民的梦想。1954年9月，周恩来在一届全国人大一次会议上作政府工作报告，明确提出要把我国建设成为具有强大的现代化的工业、农业、交通运输业和国防的社会主义国家。1964年12月，在三届全国人大一次会议上，周恩来又提出把我国建设成为一个具有现代农业、现代工业、现代国防和现代科学技术的社会主义强国的战略任务。1975年1月，在四届全国人大一次会议上，周恩来再次重申在20世纪内全面实现农业、工业、国防和科学技术现代化的目标。

改革开放后，我国对社会主义现代化建设作了新的战略部署，提出"三步走"战略设想。党的十三大报告对"三步走"战略进行了全面部署："我国经济建设的战略部署大体分三步走。第一步，实现国民生产总值比一九八〇年翻一番，解决人民的温饱问题。这个任务已经基本实现。第二步，到本世纪末，使国民生产总值再增长一倍，人民生活达到小康水平。第三步，到下个世纪中叶，人均国民生产总值达到中等发达国家水平，人民生活比较富裕，基本实现现代化。然后，在这个基础上继续前进。"

经过全党全国人民的不懈奋斗，我们已在20世纪80年代末和20世纪末分别实现解决人民的温饱问题、人民生活达到小康水平这两步战略目标。在此基础上，党的十六大提出："我们要在本世纪头二十年，集中力量，

全面建设惠及十几亿人口的更高水平的小康社会，使经济更加发展、民主更加健全、科教更加进步、文化更加繁荣、社会更加和谐、人民生活更加殷实。”然后再奋斗30年，到21世纪中叶基本实现现代化，把我国建成社会主义现代化国家。这表明，全面建成小康社会与基本实现现代化之间是继往开来的关系。

全面建成小康社会是我国社会主义现代化进程中的一个重要里程碑。党的十八大根据我国经济社会发展实际，提出要在党的十六大、党的十七大确立的全面建设小康社会目标的基础上努力实现新的要求，包括经济持续健康发展（转变经济发展方式取得重大进展，在发展平衡性、协调性、可持续性明显增强的基础上，实现国内生产总值和城乡居民人均收入比2010年翻一番），以及人民民主不断扩大，文化软实力显著增强，人民生活水平全面提高，资源节约型、环境友好型社会建设取得重大进展，等等。

党的十八大以来，在以习近平同志为核心的党中央坚强领导下，面对世界经济复苏乏力、局部冲突和动荡频发、全球性问题加剧的外部环境，面对我国经济发展进入新常态，“三期叠加”（经济增长速度换挡期、结构调整阵痛期、前期刺激政策消化期）影响持续深化，结构性、体制性、周期性问题相互交织等一系列深刻变化，我国坚持稳中求进工作总基调，迎难而上，开拓进取，统筹推进“五位一体”总体布局，协调推进“四个全面”战略布局，推动全面建成小康社会取得新的重大进展。在此基础上，要坚持抓重点、补短板、强弱项，打好防范化解重大风险、精准脱贫、污染防治三大攻坚战，保持经济社会持续健康发展，确保完成决胜全面建成小康社会的目标任务。

三、新的“两步走”战略部署

在全面建成小康社会的基础上，我国将开启全面建设社会主义现代化国家的新征程。党的十九大对全面建设社会主义现代化国家作出“两步走”的战略部署：第一个阶段，从2020年到2035年，在全面建成小康社会的基础上，再奋斗15年，基本实现社会主义现代化；第二个阶段，从2035年到21世纪中叶，在基本实现现代化的基础上，再奋斗15年，把我国建成富强民主文明和谐美丽的社会主义现代化强国。“两步走”全面建设社会主义现代化国家的战略部署，是在综合分析国际国内形势和我国发展条件之后作出的重大决策，对新时代推进社会主义现代化建设具有重大理论和实践意义。

“两步走”战略部署，丰富和完善了我国社会主义现代化建设的内涵。党的十九大报告提出的社会主义现代化建设新目标、新部署，紧扣我国社会主要矛盾变化，着眼于更好满足人民日益增长的美好生活需要，更加注重经济、政治、文化、社会、生态等领域的平衡发展和充分发展，更加注重缩小城乡区域发展差距和居民生活水平差距，更加注重人的全面发展和全体人民共同富裕，更加注重人与自然和谐共生，更加注重增强人民的获得感、幸福感、安全感，体现了社会主义现代化建设与坚持以人民为中心的发展思想的统一。

“两步走”战略部署，使改革开放后我国社会主义现代化建设形成了完整的路线图和时间表，即形成了“解决人民的温饱问题”“人民生活达到小康水平”“全面建成小康社会”“基本实现社会主义现代化”“建成富强民主文明和谐美丽的社会主义现代化强国”的五阶段路线图，与此同时，在全面建成小康社会的基础上，分两个阶段，每个阶段按15年安排，明确了全面建设社会主义现代化国家的时间表。

四、建设现代化经济体系的内涵

习近平总书记指出，现代化经济体系，是由社会经济活动各个环节、各个层面、各个领域的相互关系和内在联系构成的一个有机整体。中华人民共和国成立特别是改革开放后，我国已经建立了独立的比较完整的工业体系和国民经济体系，以及与之相适应的生产体系、交换体系、分配体系等，但原有的经济体系与建设社会主义现代化国家的要求还不适应，内在关系不平衡，创新力、竞争力还不强。相较于原有的经济体系，现代化经济体系是适应建设社会主义现代化国家要求的经济体系，是适应我国社会主要矛盾变化的经济体系，是适应我国经济由高速增长阶段转向高质量发展阶段的经济体系，是能够推动发展方式转变、经济结构优化、增长动力转换的经济体系，对体制环境也有不同要求。因此，现代化经济体系将表现出与原有经济体系不同的特征（见表1–1）。

表1–1　现代化经济体系与原有经济体系的对比

影响因子	原有经济体系 （建设小康社会）	现代化经济体系 （建设社会主义现代化国家）
主要矛盾	（1）满足物质文化需要 （2）以总量性矛盾为主	（1）满足美好生活需要 （2）以结构性矛盾为主
发展阶段	（1）高速增长阶段 （2）以数量追赶为主	（1）高质量发展阶段 （2）以质量追赶为主
发展方式	（1）工业主导、投资拉动 （2）物质资本积累 （3）不可持续发展	（1）服务业主导、消费拉动 （2）人力资本积累 （3）绿色发展
经济结构	（1）产业比例调整 （2）城乡区域不平衡 （3）分配失衡	（1）产业价值链提升 （2）城乡区域协调 （3）共享包容
增长动力	（1）要素驱动 （2）模仿创新	（1）创新驱动 （2）原始创新
体制环境	（1）市场基础性作用 （2）商品和要素流动型开放	（1）市场决定性作用 （2）规则、规制、管理、标准等制度型开放

现代化经济体系包括产业体系、市场体系、收入分配体系、城乡区域发展体系、绿色发展体系、全面开放体系和与之相适应的经济体制。

（一）建设创新引领、协同发展的产业体系

这是现代化经济体系的基础和核心，目标是促进实体经济、科技创新、现代金融、人力资源协同发展。要筑牢实体经济的基础地位，促进互联网、大数据、人工智能和实体经济深度融合，构建优质高效、充满活力、竞争力强的现代产业体系。进一步破除无效供给，建立化解过剩产能的市场化、法治化长效机制，着力降低实体经济成本。不断提高科技创新的贡献份额，强化企业创新主体地位。进一步提高金融服务实体经济的能力，发展普惠金融、科技金融、绿色金融、供应链金融。强化人力资源的支撑作用，有效调动科学家、科技人员和其他各类人才的积极性、主动性和创造性。

（二）建设统一开放、竞争有序的市场体系

这是现代化经济体系配置资源的主要机制，目标是实现市场准入畅通、开放有序、竞争充分、秩序规范。要着力补齐产权制度短板，依法平等保护各类所有制产权，完善物权、债权、股权等各类产权相关法律法规与制度，大力加强知识产权保护。深化劳动力、土地、资本、技术、数据等要素市场化配置改革，健全适应高质量发展的要素市场化配置机制。强化竞争政策的基础性地位，深入推进垄断行业改革，全面实施公平竞争审查制度，放宽民间资本市场准入，打造国际一流的营商环境。

（三）建设体现效率、促进公平的收入分配体系

这是现代化经济体系的激励和平衡机制，目标是实现收入分配合理、社会公平正义、全体人民共同富裕。要持续优化收入分配格局，提高初次分配公平程度，健全再分配调节机制，规范收入分配秩序，扩大中等收入群体，逐步缩小收入分配差距。全面建立多层次社会保障体系，持续推进基本公共服务均等化，稳妥有序提高公共服务质量。确保完成脱贫攻坚目标任务，并巩固脱贫攻坚成果，深入推进产业、教育、健康、生态和文化等扶贫，强化对特定贫困人口的精准帮扶，建立健全稳定脱贫、防止返贫的长效机制。

（四）建设彰显优势、协调联动的城乡区域发展体系

这是现代化经济体系在空间布局方面的体现，目标是实现区域良性互动、城乡融合发展、陆海统筹整体优化。要完善落实区域协调发展战略，促进各区域间基本公共服务均等化、基础设施通达程度比较均衡、人民生活水平大体相当。全面提升城镇化发展质量，持续推进农业转移人口市民化，以城市群为主体构建大中小城市和小城镇协调发展的城镇格局。扎实有序推进乡村振兴，引导资源要素流向农村，推进城乡建设统一规划、基础设施互联互通、产业融合互促。坚持陆海统筹，大力发展海洋经济。

（五）建设资源节约、环境友好的绿色发展体系

这是现代化经济体系的生态环境基础，目标是形成人与自然和谐发展的现代化建设新格局。重点是调整经济结构和能源结构，优化国土空间开发布局，培育壮大节能环保产业、清洁生产产业、清洁能源产业，推进资源全面节约和循环利用。加大环境污染防治和生态保护与修复力度，突出精准治污、科学治污、依法治污，重点打好蓝天、碧水、净土保卫战，推动生态环境质量持续好转。有效防范生态环境风险，增加优质生态产品供给。

（六）建设多元平衡、安全高效的全面开放体系

这是现代化经济体系与外部世界的联系机制，目标是建设高水平开放型经济，推动商品和要素流动型开放向规则、规制、管理、标准等制度型开放转变。加强多边经贸合作，推进贸易强国建设，采取有力措施妥善应对贸易摩擦。加强外商投资促进和保护，继续缩减外商投资负面清单，扩大金融、电信、教育等领域的对外开放，打造国际化、市场化、法治化营商环境。加强对外投资引导、投资保护和风险防控体系建设，以“一带一路”建设为引领，推动国际产能合作，形成面向全球的贸易投资和生产服务网络。加快多双边自贸协议谈判，积极参与推动全球治理体系变革，促进贸易和投资自由化便利化。

（七）建设充分发挥市场作用、更好发挥政府作用的经济体制

这是现代化经济体系的制度基础，目标是构建市场机制有效、微观主体有活力、宏观调控有度的经济体制。以完善产权制度和要素市场化配置为重点，深化经济体制改革，实现产权有效激励、要素自由流动、价格反应灵活、竞争公平有序、企业优胜劣汰，使市场在资源配置中起决定性作用。深化国有企业改革，发展混合所有制经济。激发和保护企业家精神，培育具有全球竞争力的世界一流企业。全面实施市场准入负面清单制度，清理废除妨碍统一市场和公平竞争的各种规定和做法，支持民营企业发展，激发各类市场主体活力。创新和完善宏观调控，发挥国家发展规划的战略导向作用，健全财政、货币、产业、区域等经济政策协调机制。

综上所述，我国要建设的现代化经济体系是与全面建设社会主义现代化国家要求相适应的经济体系。正如2018年1月30日习近平总书记在中共中央政治局第三次集体学习时强调的那样，建设现代化经济体系是一篇大文章，既是一个重大理论命题，更是一个重大实践课题[①]。要从理论和实践的结合上把握建设现代化经济体系的科学内涵和战略重点，推动我国经济发展焕发新活力、迈上新台阶。

---

① 习近平：《深刻认识建设现代化经济体系重要性 推动我国经济发展焕发新活力迈上新台阶》，《人民日报》2018年2月1日第1版。

第二节　建设现代化经济体系是适应我国社会主要矛盾变化的客观要求

中国特色社会主义进入新时代，我国社会主要矛盾已经转化为人民日益增长的美好生活需要和不平衡不充分的发展之间的矛盾。建设现代化经济体系是适应我国社会主要矛盾变化的客观要求。

一、我国社会主要矛盾的变化

社会主要矛盾是一个国家生产力发展水平和社会发展阶段的客观反映。有什么样的生产力发展水平、处于什么样的社会发展阶段，就会有什么样的社会主要矛盾。过去，我国社会主要矛盾是人民日益增长的物质文化需要同落后的社会生产之间的矛盾。这主要是基于当时我国经济社会发展水平不高、社会生产力相对落后作出的判断。

经过改革开放40多年的发展，我国经济总量稳居世界第二，社会生产力水平总体上显著提高，社会生产能力在很多方面进入世界前列，更加突出的问题是发展不平衡不充分的问题。与物质文化需要相比，人民美好生活需要的内容更加广泛：不仅对物质文化生活提出更高要求，期盼有更好的教育、更稳定的工作、更满意的收入、更可靠的社会保障、更高水平的医疗卫生服务、更舒适的居住条件、更优美的环境、更丰富的精神文化生活；而且在民主、法治、公平、正义、安全、环境等方面的要求日益增长，对共同富裕、人的全面发展、社会全面进步都提出了新的要求。我国社会主要矛盾也相应发生变化，转化为人民日益增长的美好生活需要和不平衡不充分的发展之间的矛盾。

可见，我国社会主要矛盾的变化是关系全局的历史性变化。这一变化不仅是巨大的，也是极为深刻的，要求我们在继续推动发展的基础上，着力解决好发展不平衡不充分问题，更好满足人民在经济、政治、文化、社会、生态等方面日益增长的需要，更好推动人的全面发展、社会全面进步。

二、我国发展不平衡不充分的表现

我国发展不平衡不充分，主要表现为城乡发展不平衡、区域发展不平衡、产业结构不平衡、经济增长同生态环境不平衡，以及社会成员之间收入不平衡。发展不平衡不充分，已经成为满足人民日益增长的美好生活需要的主要制约因素。

（一）城乡发展不平衡

城乡发展不平衡既表现在城乡居民的收入差距上，又表现在城乡市场化水平等方面上。从城乡居民收入差距看，如果考虑到城市居民享有的各种福利和补贴，而农民收入包括生产经营支出等因素，实际收入差距可能会更大。从城乡市场化水平看，城市商品市场份额不断扩大，而且生产要素市场化程度不断提高，而农村商品市场份额相对缩小，要素市场发育滞后。城乡发展不平衡，不仅阻碍了农业部门与工业部门、农村经济与城市经济的良性循环，影响到我国经济持续健康发展，而且使大多数农民难以充分分享工业化和现代化的成果。

（二）区域发展不平衡

从全国发展态势看，2003年以来我国区域发展差距不断缩小，但2015年后区域发展差距又开始有所扩大。近年来，不仅东中西部区域发展差距扩大的趋势仍在持续，而且经济发展的南北分化态势趋于突出。受传统产业产能过剩和资源性产品价格回落的冲击，东北、华北、西北的部分资源型企业和重化工业主导的省份，经济增速明显回落，财政收入、企业利润大幅下滑，产业调整重组面临重重困难，债务负担压力沉重，养老金入不敷出，青壮年劳动力和高端人才流失。2018年，北方地区经济总量占全国的比重为38.5%，比2012年下降4.3个百分点，其中东北地区经济总量占全国的比重从2012年的8.7%下降到2018年的6.2%。从趋势上看，受人口净流入或净流出、高速铁路网建设和比较优势的区域转移等因素影响，区域间分化还将持续，若不能有效解决区域发展不平衡问题，区域发展差距还将面临继续扩大的风险。

（三）产业结构不平衡

产业结构不平衡主要表现为供需结构错配，供给结构调整跟不上需求结构变化，无效供给过多，有效供给不足，低端供给过多，中高端供给不足。随着居民收入水平提高和中等收入群体扩大，需求结构加快转型升级，居民对产品质量和性能的要求明显提高，多样化、个性化、高端化需求与日俱增，服务需求在消费需求中的占比明显提高，旅游、养老、教育、医疗等服务需求快速增长，加之产业价值链提升并向中高端迈进，对研发、设计、标准制定、供应链管理、营销网络构建、物流配送等生产性服务的要求更高。与此同时，供给结构调整明显滞后于需求结构升级，居民对高品质商品和服务的需求难以得到满足，出现到境外大量采购电饭锅、马桶盖、奶粉、药品、牙膏等日用消费品的现象，造成国内消费需求外流。与之对应，传统产业产能过剩，产能利用率偏低。

（四）经济增长同生态环境不平衡

在过去一个阶段，资源环境的回旋余地还比较大。而进入现阶段后，经济规模继续扩大，能源资源消耗增加，资源环境的硬约束日趋增强，刚性压力日趋增大。我国主要污染物排放总量将陆续接近峰值，并呈现污染源多样化、污染类型复合化、污染范围扩大化的特征，生态环境压力进一步增大。产业无序转移还将加大部分生态脆弱地区的生态环境压力。在这个阶段，受到环境容量的明显制约，经济增长是否有后劲在很大程度上取决于能否转向绿色低碳的增长方式。

上述这些不平衡，在很大程度上是由经济体系不平衡导致的，是经济体系内在不平衡的反映。建设现代化经济体系，优化经济体系的内在关系，保持经济体系的内在平衡，才能有效化解发展不平衡不充分问题，更好满足人民日益增长的美好生活需要。

（五）社会成员之间收入不平衡

改革开放以来，我国收入差距变化经历了三个时期。一是20世纪70年代末至80年代中期收入差距缓慢扩大，二是20世纪80年代中期至21世纪初期收入差距快速扩大，三是21世纪初期以后收入差距情况相对稳定。2008年全国居民收入的基尼系数为0.491，2015年降至0.462，但2016年基尼系数又有所上升，为0.465，2017年上升至0.467。

三、建设现代化经济体系要适应社会主要矛盾变化

我国社会主要矛盾已经转化为人民日益增长的美好生活需要和不平衡不充分的发展之间的矛盾。解决发展中的各种不平衡不充分问题，关键是要坚持以人民为中心的发展思想，贯彻新发展理念，提升发展质量和效益。加快推进现代化经济体系建设，不仅能壮大我国经济实力和综合国力，更好满足加快经济发展和提高人民生活水平的需要，也能为更好满足人民在经济、政治、文化、社会、生态等方面日益增长的需要打下坚实的物质基础，从而推动人的全面发展、社会全面进步。

建设现代化经济体系，出发点和落脚点都是为了更好满足人民群众对美好生活的需要，更好在发展中保障和改善民生，更好在发展中补齐民生短板，着力解决发展不平衡不充分问题。比如，建设创新引领、协同发展的产业体系，推动经济高质量发展，提高产品和服务质量，就是要满足人民群众多样化、个性化、高端化及不断升级的消费需求，使人民生活品质不断提高；建设体现效率、促进公平的收入分配体系，完善初次分配结构，健全再分配调节机制，规范收入分配秩序，扩大中等收入群体规模，将更好地满足人民群众共享改革发展成果，逐步实现共同富裕的要求；建设彰显优势、协调联动的城乡区域发展体系，将加快农业农村现代化进

程，显著改变农民生产生活面貌，推动中西部地区加快发展，缩小区域发展差距，使各区域间基本公共服务均等化、基础设施通达程度比较均衡，将为各地区人民群众建设美好生活家园创造条件；建设资源节约、环境友好的绿色发展体系，加大环境污染防治和生态保护与修复力度，将更好满足人民群众对清新空气、洁净水和优美生态环境的需要。

第三节　建设现代化经济体系是跨越重大关口的迫切要求

我国经济已由高速增长阶段转向高质量发展阶段，从过去高速增长转向高质量发展，需要跨越一系列重大关口：既包括非常规性的我国经济发展现阶段特有的关口，集中表现为打好防范化解重大风险、精准脱贫、污染防治三大攻坚战；又包括常规性的我国经济转向高质量发展必须经历的关口，集中表现为转变发展方式、优化经济结构、转换增长动力。加快建设现代化经济体系，才能成功跨越这些关口，为全面建设社会主义现代化国家奠定坚实基础。

一、建设现代化经济体系必须打好三大攻坚战

作为一个大规模经济体，实现长期高速增长殊为不易，转向高质量发展将更为艰巨。打好防范化解重大风险、精准脱贫、污染防治三大攻坚战，是推动高质量发展的底线性、本质性要求，这也是我国经济发展现阶段特有的非常规性关口。如果不能有效化解过去积累的风险，进而出现重大系统性风险，高质量发展就失去了基础和前提，如果精准脱贫和污染防治的目标没有实现，高质量发展就失去了重要内涵和完整意义。

（一）打好防范化解重大风险攻坚战

我国经济社会发展中面临的重大风险突出表现在金融领域。金融风险的根源是宏观杠杆率上升过快。2010—2018年，我国非金融部门（包括政府、非金融企业和家庭）负债总规模年均增长16.2%，比同期名义国内生产总值（GDP）年均增速高约6个百分点，是国际清算银行报告所列43个经济体中增速最快的经济体之一。当前我国经济金融风险总体可控，今后一个时期，要把控制企业杠杆率和地方政府隐性债务作为防范化解风险的

重点，以市场化、法治化方式推动国有企业去杠杆，依法依规对“僵尸企业”实施破产清算，切实有效降低企业债务水平；按照“开前门”“堵后门”的原则，加强地方政府债务的法治化管理，推进债务信息公开和债务风险的动态监管。

（二）打好精准脱贫攻坚战

经过持续不断的努力，脱贫攻坚已经取得决定性成就，绝大多数贫困人口已经脱贫，现在到了攻城拔寨、全面收官的阶段。要坚持精准扶贫，以更加有力的举措、更加精细的工作，在普遍实现“两不愁”（即不愁吃、不愁穿）的基础上，全面解决“三保障”（即义务教育、基本医疗、住房安全有保障）和饮水安全问题，确保剩余贫困人口如期脱贫。进一步聚焦“三区三州”（“三区”是指西藏自治区，青海、四川、甘肃、云南四省藏区和南疆四地州，“三州”是指甘肃临夏回族自治州、四川凉山彝族自治州和云南怒江傈僳族自治州）等深度贫困地区，瞄准突出问题和薄弱环节集中发力，确保如期完成2020年农村贫困人口全部脱贫的目标任务。在此之后，扶贫工作重心转向解决相对贫困问题，扶贫工作方式由集中作战调整为常态推进，需要研究建立解决相对贫困问题的长效机制，重点解决相对贫困问题，并将其纳入乡村振兴战略架构下统筹安排。

（三）打好污染防治攻坚战

我国经济发展同生态环境的矛盾仍然突出，资源环境承载能力已经接近上限，区域性、布局性、结构性环境风险突出，重污染天气、黑臭水体、垃圾围城、生态破坏等问题依然存在。这些问题成为民生之患、民心之痛，成为经济社会可持续发展的瓶颈，成为全面建成小康社会的突出短板。当前，生态文明建设正处于压力叠加、负重前行的关键期，已进入提供更多优质生态产品以满足人民日益增长的优美生态环境需要的攻坚期，也到了有条件有能力解决生态环境突出问题的窗口期，必须加大力度、加快治理、加紧攻坚，打好污染防治攻坚战，重点打好蓝天、碧水、净土保卫战，强化大气、水、土壤等污染防治，使主要污染物排放总量逐年减少，推动生态环境质量持续好转。

（四）建设现代化经济体系是跨越非常规性关口的重要保障

建设现代化经济体系有利于防范化解重大风险。建设现代化经济体系，在更高层次上推进社会主义市场经济体制完善和创新，实现市场机制有效、微观主体有活力、宏观调控有度，深化财税、金融、社会保障和宏观经济管理等基础性领域和关键性环节改革，建立和完善经济运行所必需的内部约束和外部监管机制，坚定不移推进供给侧结构性改革，增强供给体系对需求结构变化的适应性，提升供给体系的质量和效率，促使实体经济发展从以数量规模扩张为主的轨道转向质量效率提升的新轨道，进一步提高全要素生产率，将从经济体制和发展方式上为有效防范化解重大风险创造条件。

建设现代化经济体系将推动打好精准脱贫攻坚战。建设现代化经济体系，实施区域协调发展战略，以革命老区、民族地区、边疆地区和贫困地区为重点，加大对老少边穷地区改善基础设施条件的支持力度，提高基本公共服务能力，培育发展优势产业和特色经济，加强生态环境建设，不断创新体制机制，发挥政府、市场和社会协同作用，充分激发贫困地区干部群众的内生动力，大力推进实施一批脱贫攻坚工程，加快破解贫困地区发展瓶颈，增强贫困地区和贫困人口自我发展能力，将为贫困地区加快发展创造条件，确保贫困人口与全国同步进入全面小康社会。

建设现代化经济体系将从源头上防治污染。污染防治攻坚战是一场持久战，必须保持战略定力，久久为功。建设现代化经济体系，特别是建设资源节约、环境友好的绿色发展体系，培育壮大绿色低碳的新产业、新业态、新模式，推动传统产业智能化、清洁化改造，提高能源清洁化利用水平，发展清洁能源，调整产业结构、能源结构和运输结构，促进经济绿色低碳循环发展，推进能源资源全面节约，将从源头上提高资源利用效率，减少污染排放，协同推动经济高质量发展和生态环境高水平保护。

二、建设现代化经济体系必须跨越三大常规性关口

我国经济要由高速增长阶段转向高质量发展阶段，必须跨越转变发展方式、优化经济结构、转换增长动力三大常规性关口。高速增长阶段依靠扩大投资拉动经济增长形成的发展方式、依靠工业产能增量扩能形成的经济结构、依靠资源和生产要素大规模高强度投入形成的增长动力，已经越来越不适应高质量发展阶段的要求。这三大关口过不去，到2035年基本实现社会主义现代化的目标就难以实现。

（一）依靠扩大投资拉动经济增长形成的发展方式必须加快转变

在应对1997年亚洲金融危机和2008年国际金融危机的冲击时，我国更多是通过扩大投资拉动经济增长，这在当时传统产业产能还有市场需求的情况下是有效的。随着传统产业产能接近或达到上限规模，再简单沿用老办法化解供需矛盾，越来越受到投资效率下降和债务杠杆率攀升的约束。2017年我国增量资本产出率（ICOR），也就是增加单位总产出所需要的资本增量，比2010年的提高60%左右（见图1–1）。2010—2018年，我国非金融部门负债总规模年均增长16.2%，比同期名义GDP年均增速高约6个百

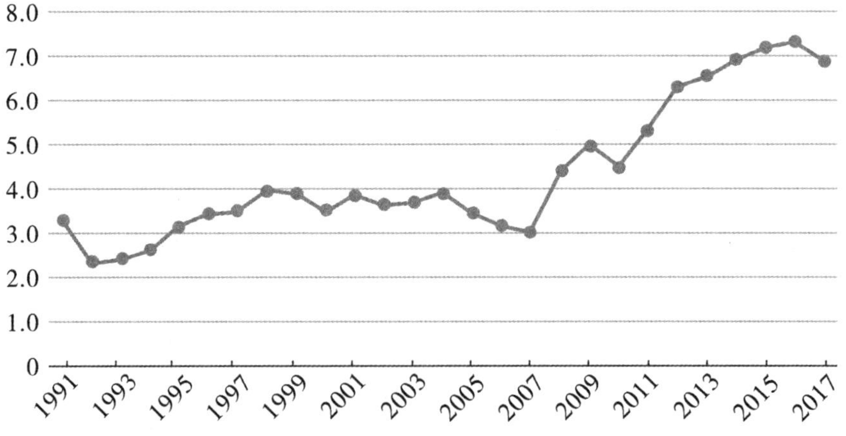

图1–1　我国1991—2017年增量资本产出率变化

资料来源：根据国家统计局数据测算。

分点。可见，再用老办法稳增长，不仅投资效率会继续下降，债务杠杆率会继续攀升，还将增大金融风险发生的概率，也难以从根本上扭转经济短暂回升后继续下行的态势。

（二）依靠工业产能增量扩能形成的经济结构必须加快调整

转向高质量发展阶段，经济结构调整要从以增量扩能为主转向调整存量、做优增量并举。2010年以来，随着传统产业产能的市场需求趋于饱和，工业增速持续回落，服务业比重逐年上升，2018年服务业占GDP的比重达到52.2%。在工业内部，钢铁、煤炭、建材、有色金属、石化、电力等行业渐次达到或超过峰值。2015年，我国粗钢产能达到11.3亿吨，但产量仅为8.04亿吨，产能利用率仅为71.2%；煤炭实有产能42亿吨，在建产能15亿吨，合计总规模约57亿吨，而2015年消费量仅为39.2亿吨，产能过剩状况十分突出。2016年以来，我国推进供给侧结构性改革，大力清理淘汰钢铁、煤炭等行业落后产能，至2018年累计退出钢铁产能1.45亿吨，退出煤炭产能5.9亿吨，去产能取得积极进展，相关行业产能利用率明显好转，产品价格回升，企业盈利能力得以恢复。但也要看到，部分落后产能没有完全出清，特别是“僵尸企业”出清仍面临债务处置、人员安置等制约，进展还不明显。由此可见，再像过去那样，依靠“铺摊子”扩大制造业产能推动经济增长，不仅将加剧重复建设和产能过剩，扭曲资源配置，而且将延缓新旧动能转换步伐，必须加快推动经济结构从以工业为主导向以服务业为主导转变，从以中低端产业为主向以中高端产业为主转变。

（三）依靠资源和生产要素大规模高强度投入形成的增长动力必须加快转换

近年来，我国支撑经济高速增长的生产要素供求关系发生明显变化。劳动年龄人口逐年减少，矿产资源人均占有量大幅下降，土地供给日趋紧张，生态环境硬约束强化，原有的低成本竞争优势开始减弱，依靠大规模增加要素投入支撑经济增长已经难以为继。在市场的倒逼下，越来越多的企业通过增加研发投入培育新的增长点，新技术、新产品、新业态、新模式不断出现，但技术创新对经济增长的贡献率仍然不高，劳动生产率和全要素生产率增速仍然偏低，经济增长还难以完全摆脱对要素投入的依赖，需要加快推动增长动力从主要依靠资源和低成本劳动力等要素驱动转向以创新驱动为主。

（四）建设现代化经济体系必须跨越常规性关口

建设现代化经济体系，关键是实现创新驱动发展，推动科技创新；构建市场机制有效、微观主体有活力、宏观调控有度的经济体制，推动体制创新，这是跨越常规性关口的动力源泉和制度保障。

科技创新是跨越常规性关口的动力源泉。创新是引领发展的第一动力，是建设现代化经济体系的战略支撑。适应建设社会主义现代化国家要求的现代化经济体系，必然是建立在先进科学技术基础上的经济体系。要强化基础研究和应用基础研究，推进关键共性技术、前沿引领技术、现代工程技术、颠覆性技术创新，在更多领域跻身世界领先行列。强化知识产权创造、保护、运用，加大科技创新的产权激励力度。通过深入实施创新驱动发展战略，大力优化创新生态，培育更多具有自主知识产权和核心竞争力的创新型企业，塑造更多依靠创新驱动、更多发挥先发优势的引领型发展，从而为转变发展方式、优化经济结构、转换增长动力提供动力和战略支撑。

体制创新是跨越常规性关口的制度保障。要坚决破除制约市场在资源配置中起决定性作用、更好发挥政府作用的体制机制弊端，使市场通过价值规律、竞争规律、供求规律等在资源配置中起决定性作用；加快转变政府职能，完善经济调节、市场监管、社会管理、公共服务、生态环境保护职能，最大限度减少对市场主体和微观经济活动的不当干预。深化产权制度改革，加快要素市场化配置改革，构建市场化价格形成机制。进一步放宽市场准入，创造各类所有制企业平等竞争的市场环境。深化国有企业改革，发展混合所有制经济，培育具有全球竞争力的世界一流企业。优化收入分配结构，建设体现效率、促进公平的收入分配体系，逐步实现收入分配合理、社会公平正义、全体人民共同富裕，从而为转变发展方式、优化经济结构、转换增长动力提供体制机制和制度保障。

第四节　建设现代化经济体系是建设社会主义现代化国家的基础工程

从先行发达国家的发展历程看，经济体系现代化是国家现代化的重要前提。我国要建设社会主义现代化国家，同样要把建设现代化经济体系作为基础工程、先行工程，坚持问题导向，紧抓关键环节，推进现代化经济体系建设，确保社会主义现代化强国目标如期实现。

一、建设现代化经济体系是夯实现代化建设的经济基础

建设现代化经济体系是建设现代化国家的应有之义。没有现代化经济体系的国家不可能成为现代化国家。人类社会迄今已经历三次比较大的现代化浪潮，西欧、北美各国以及日本等国家抓住机遇，相继实现了经济体系的现代化转型，成为现代化国家。从这些国家的发展历程中可以发现，经济体系的现代化是国家现代化的重要基础。

改革开放之后，我们党作出“三步走”的战略安排，提出到新中国成立一百年时基本实现现代化的目标。党的十九大综合分析国际国内形势和我国发展条件，作出了2035年基本实现现代化、21世纪中叶把我国建成富强民主文明和谐美丽的社会主义现代化强国的“两步走”战略安排。经过改革开放40多年的快速发展，我国综合国力和国际地位显著提升，但当前离现代化国家的目标仍有较大的差距，“大而不强”“全而不优”的特征十分明显。要建设社会主义现代化国家，必须加快建设现代化经济体系，夯实现代化建设的经济基础。

二、推动经济发展质量变革、效率变革、动力变革

建设现代化经济体系，必须推动质量变革、效率变革、动力变革，推

动高质量发展。

（一）推动质量变革

推动经济发展的质量变革，在微观层面要提高产品和服务质量。我国是世界第一制造业和出口大国，但自主品牌产品在发达国家消费品市场上的份额还不高，在满足人民群众的高品质需求上仍存在不足。要瞄准国际标准提高水平，提高产品和服务质量。在中观层面要提升产业价值链。增加高质量产品和服务供给，需要提升我国产业价值链在国际分工中的地位，从中低端加工组装向研发、设计、供应链管理、品牌建设等中高端价值链环节提升，利用资金、市场、供应链的优势整合国际先进技术，促进我国产业迈向全球价值链中高端。在宏观层面要提高国民经济整体质量和效率，核心是提高全要素生产率。当前，主要发达国家经济增长动力的70%左右来源于以技术进步为主体的全要素生产率提高。推动经济发展的质量变革，就要营造更加有效的要素配置环境，着力提高全要素生产率。

（二）推动效率变革

推动经济发展的效率变革，就要营造公平竞争的市场环境。竞争是市场经济的本质要求。完善公平竞争的市场环境，打破行政性垄断，防止市场垄断，是效率变革的根本途径。有竞争才能有创新，有竞争才会倒逼企业提高产品和服务质量。要强化竞争政策基础地位，以竞争政策为基础协调相关政策。完善反垄断和反不正当竞争的法律法规，加强监管体系建设，加强统一执法，发挥公平竞争对鼓励创新、提高产品和服务质量的倒逼作用。加快推进产业政策转型，适应新形势下需求升级快、产业技术路线变化频繁的特点，减少政府对产业发展的直接干预，推进产业政策从差异化、选择性向普惠化、功能性转变，加大从需求侧支持产业发展的力度。完善市场监管机制，提高专业化水平。落实公平竞争审查制度，加强对新制定法律法规和政策的公平竞争审查，并逐步修订妨碍公平竞争的已有法律法规和政策。

（三）推动动力变革

推动经济发展的动力变革，就是要在劳动力和资本等要素贡献逐步减弱后，适应建设高质量高效率现代化经济体系的需要，加快提高科技和人力资本对经济增长的贡献。推进市场导向的科技创新，引导创新资源向企业集聚，完善科研院所和高校的技术成果向企业转移机制，促使企业摆脱对资源和要素消耗较多的加工制造环节的过度依赖，更多地依靠研发、设计、标准制定、供应链管理、品牌建设和无形资产投资，满足差异化和个性化需求，推进传统制造向以研发为基础的新型制造转型。营造有利于创新的制度环境，建立科技成果的产权激励制度，加快科技成果使用处置和收益管理改革，扩大股权和分红激励政策实施范围，探索赋予科研人员科技成果所有权和长期使用权，使创新人才分享成果收益。积极探索创新型人才培养和成长机制，完善人才评价、流动和配置机制，发现、培养和用好人才，使各类人才的创新智慧和潜能竞相迸发。在充分用好国内人才资源的同时，积极引进国外人才和智力。

三、现阶段加快建设现代化经济体系的主要举措

建设现代化经济体系是一项长期任务，需要久久为功。现阶段要突出抓好以下环节。

（一）以做实做强做优实体经济筑牢现代化经济体系的坚实基础

实体经济是强国之本、富民之基。中国从低收入国家变成中等收入国家，成为世界第二大经济体，靠的是实体经济，今后要跨越高收入国家门槛也必须依靠实体经济。建设现代化经济体系，必须把发展经济的着力点放在实体经济上，把提高供给体系质量作为主攻方向，坚持质量第一、效益优先，通过优化存量资源配置，扩大优质增量供给，不断提高供给体系质量。坚持以供给侧结构性改革为主线，加快建立落后产能退出机制，以处置“僵尸企业”为突破口，建立市场化、法治化退出通道，解决“退不出、死不了”的问题，真正实现市场出清。加快形成产业升级机制，以资

产重组、资本整合、产业融合为路径，推动企业兼并重组，推进国有企业混合所有制改革，促进制造业和服务业融合。加快建设制造强国，推动互联网、大数据、人工智能和实体经济深度融合，增强产业竞争力，培育若干世界级先进制造业集群，促进我国产业迈向全球价值链中高端。

（二）以实施创新驱动发展战略强化现代化经济体系的战略支撑

瞄准世界科技前沿，强化基础研究，实现前瞻性基础研究、引领性原创成果重大突破。加强应用基础研究，拓展实施国家重大科技项目，突出关键共性技术、前沿引领技术、现代工程技术、颠覆性技术创新。加强国家创新体系建设，强化战略科技力量。深化科技体制改革，建立企业为主体、市场为导向、产学研深度融合的技术创新体系，加强对中小企业创新的支持，促进科技成果转化。倡导创新文化，强化知识产权创造、保护、运用。培养造就一大批具有国际水平的战略科技人才、科技领军人才、青年科技人才和高水平创新团队。

（三）以推动城乡区域协调发展优化现代化经济体系的空间布局

加大力度支持革命老区、民族地区、边疆地区、贫困地区加快发展，强化举措推进西部大开发形成新格局，深化改革加快东北地区等老工业基地振兴，发挥优势推动中部地区崛起，创新引领率先实现东部地区优化发展，建立更加有效的区域协调发展新机制。推动京津冀协同发展、长江经济带发展、粤港澳大湾区建设、长三角一体化发展、黄河流域生态保护和高质量发展等国家重大战略的实施。以城市群为主体构建大中小城市和小城镇协调发展的城镇格局，加快农业转移人口市民化。坚持陆海统筹，加快建设海洋强国。

（四）以发展高水平开放型经济提高现代化经济体系的国际竞争力

以“一带一路”建设为重点，坚持“引进来”和“走出去”并重，形成陆海内外联动、东西双向互济的开放格局。拓展对外贸易，培育贸易新业态、新模式。大幅度放宽市场准入，扩大服务业对外开放，保护外商投资合法权益。优化区域开放布局，加大西部开放力度。赋予自由贸易试验区更大改革自主权，探索建设自由贸易港。创新对外投资方式，促进国际产能合作，形成面向全球的贸易、投融资、生产、服务网络，加快培育国际经济合作和竞争新优势。

（五）以建设高标准市场经济完善现代化经济体系的制度保障

以完善产权制度和要素市场化配置为重点，深化经济体制改革，坚决破除各方面体制机制弊端，激发全社会创新创造活力。完善促进消费的体制机制，增强消费对经济发展的基础性作用。深化投融资体制改革，发挥投资对优化供给结构的关键性作用。加快建立现代财政制度，建立权责清晰、财力协调、区域均衡的中央和地方财政关系，建立全面规范透明、标准科学、约束有力的预算制度，全面实施绩效管理。深化税收制度改革，健全地方税体系。深化金融体制改革，增强金融服务实体经济能力，提高直接融资比重，促进多层次资本市场健康发展。健全货币政策和宏观审慎政策双支柱调控框架，深化利率和汇率市场化改革。健全金融监管体系，守住不发生系统性金融风险的底线。

第二章

推动高质量发展是建设现代化经济体系的战略选择

推动高质量发展，实现更高水平、更优结构、更有效率、更加公平、更可持续的发展，既是适应内外环境深刻复杂变化的客观要求，也是建设现代化经济体系的战略选择。要坚定不移推进改革开放，推动我国经济发展摆脱原有路径，转向高质量发展轨道。

第一节　中国经济转向高质量发展阶段的新特征

中国经济从高速增长阶段转向高质量发展阶段，不仅意味着发展方式、经济结构、增长动力的系统性调整，也将表现出不同于高速增长阶段的新特征。

一、中国经济高质量发展的内涵

人们对发展质量的认识，经历了从经济增长到经济发展、从经济增长质量到经济发展质量的发展过程。经济增长取决于生产要素的积累，而经济增长质量取决于生产要素使用效率的提高。经济发展在经济增长之外还包含了结构、社会、生态等因素，相应地，经济发展质量在经济增长质量的基础上，还要考虑经济结构优化、人民生活水平提升和生态环境改善。因此，提高经济发展质量既包含通过科技创新和体制变革，促进生产要素充分利用与有效配置，实现高质量经济增长，也包括优化经济结构、提高人民生活水平、持续改善生态环境，最终提高生产质量、生活质量和生态质量。

对发展质量的理解，还可以针对现实问题有不同的维度和视角。相对于经济运行的微观、中观和宏观层面，可以聚焦产品和服务质量、产业和区域发展质量、国民经济整体质量和效率。从宏观经济循环视角看，可以从供给、需求、投入产出、收入分配、资源配置等方面去衡量发展质量。从更广义上看，还可以从总量、结构、动力、效率、风险、公平、可持续等方面去衡量发展质量。

认识和识别高质量发展，要适合中国的基本国情和发展阶段，不能简单地以成熟经济体的标准结构和发展阶段理论作为参照，还要充分考虑中国发展不平衡不充分、处在结构快速变动期和作为大规模经济体的特征及突出影响高质量发展的主要因素，坚持问题导向、目标导向、结果导向，为建设现代化经济体系开辟新路径。

由高速增长阶段转向高质量发展阶段，与高速增长阶段转向中速增长阶段既具有时段上的一致性，也具有逻辑上的一致性。从高速增长阶段转向中速增长阶段，是从速度角度看的，而由高速增长阶段转向高质量发展阶段，不仅意味着速度换挡，也意味着发展方式、经济结构和增长动力都要有系统性调整和转换。

改革开放以来，中国经济经历了从起飞、高速增长，到增速放缓的过程，现在正处于从高速增长向中速增长转换的阶段。从高速增长阶段向中速增长阶段的转换，虽然有国际金融危机后外部环境变化的因素，但主要是因为内在条件的变化。随着劳动力供给经历转折性变化，劳动力数量对经济增长的贡献率逐渐降低；资本积累仍是经济增长的重要动力，但资本形成对经济增长的贡献率不断下降，而技术进步有所加快，生产效率有所提高，但全要素生产率的增幅仍然有限。

在经济增速下降的同时，经济结构调整和增长动力转换的任务更加艰巨。从内外需结构看，适应外需放缓的调整取得积极进展，内需对经济增长的贡献率提高，但内需的结构调整和升级仍然滞后，供给对需求变化的适应性还不强。从增长动力转换看，新动力快速成长，但经济增长对房地产、基础设施投资等传统动力的依赖还没有根本转变。从稳增长与促改革的关系看，稳增长的传统政策边际效益递减，而改革释放增长潜力的作用还不强。总体上看，高速增长阶段已经结束，但转向高质量发展阶段的进展还不够明显。推动经济高质量发展，需要把握住经济发展阶段性转换的窗口期，加快推进各类改革措施落地，加快新旧动能转换。

二、转向高质量发展阶段的新特征和新要求

从高速增长阶段转向高质量发展阶段，不仅衡量标准上要从“有没

有”转向“好不好”，而且内涵上要从“增长”延展到“发展”，实现更高水平、更优结构、更有效率、更加公平、更可持续的发展。

（一）更高水平的发展：从“数量追赶”转向“质量追赶”

改革开放初期，我国从短缺经济起步，经过几十年的高速增长和产能迅猛扩张，“数量缺口”基本填满，传统产业领域还出现了产能过剩。1979—2018年，我国国内生产总值年均增长9.4%。社会生产力水平大幅提升，2010年我国制造业增加值超过美国，220多种工业产品生产能力跃居世界第一，水泥、钢材、汽车等主要工业产品平均增速都达到或超过10%（见图2–1），“有没有”的矛盾逐步缓解。而随着居民收入水平提高和中等收入群体扩大，消费结构加快向多样化、个性化、服务化方向升级，居民对产品质量、品牌的需求日益扩大，“质量缺口”越来越大，“好不好”的矛盾更趋突出。如果说填补“数量缺口”是高速增长阶段经济发展的动力源泉，主要任务是“数量追赶”，那么进入高质量发展阶段，填补“质量缺口”将成为经济发展的潜力所在，主要任务是“质量追赶”，以显著增强我国经济发展的质量优势为主攻方向。

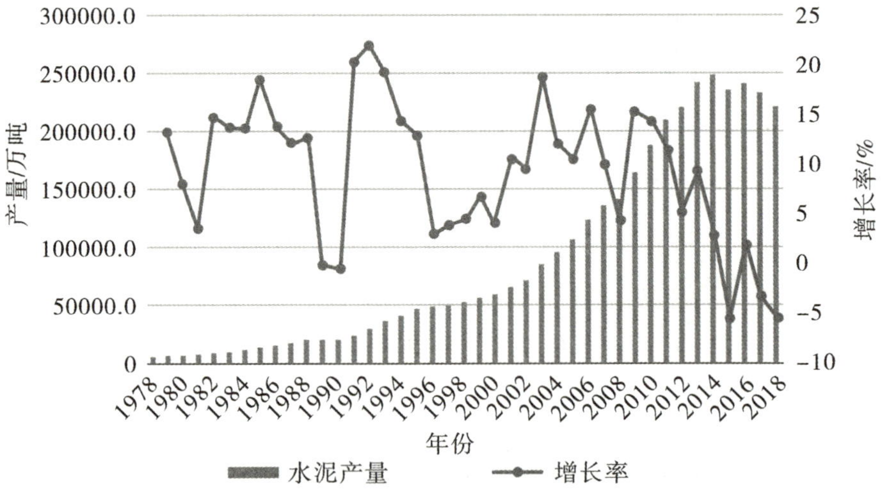

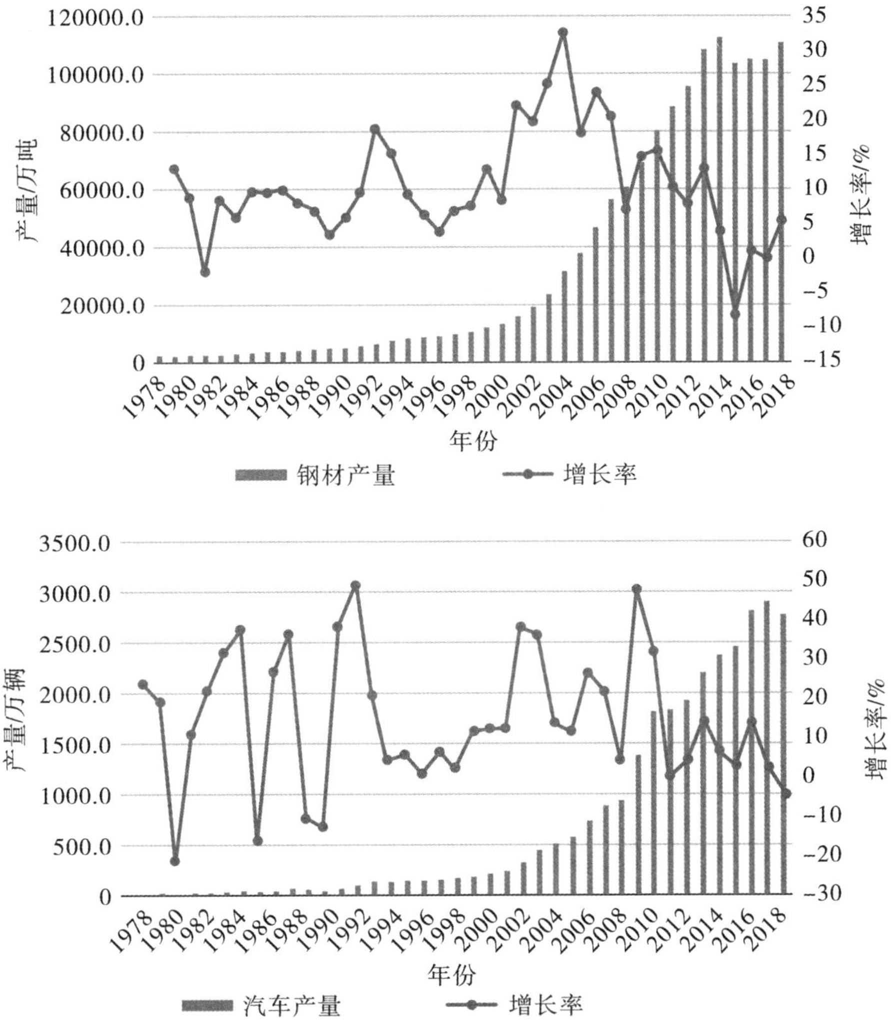

图2-1　我国主要工业产品（水泥、钢材、汽车）产量与增速变化

数据来源：历年《中国统计年鉴》。

（二）更优结构的发展：从“规模扩张”转向“结构升级”

在高速增长阶段，经济发展主要依靠产能的规模扩张，而随着钢铁、煤炭、石化、建材、有色金属等产能陆续达到市场需求峰值，传统产业大规模扩张的阶段基本结束。国务院发展研究中心课题组测算：传统纺织和食品行业已达峰值，增速和占比将持续下降，中长期会保持稳定；钢铁、煤炭等行业在2015年左右就已达到峰值，其中钢铁行业达到峰值时间和高速增长阶段结束的时间基本重合。因此，再像过去那样圈地建工业园区、搞大规模产能扩张的路子越来越走不下去了，必须从“铺摊子”为主转向“上台阶”为主，着力提升产业价值链和产品附加值，推动产业由加工制造向研发、设计、标准制定、供应链管理、品牌建设等高附加值区域转移，迈向全球价值链中高端。“上台阶”不仅要从生产低技术含量、低附加值产品转向生产高技术产品和先进智能产品，满足市场对产品质量的需求，更重要的是实现生产要素从产能过剩领域转移到有市场需求领域，从低效领域转移到高效领域，进而提高资源配置效率。

（三）更有效率的发展：从“要素驱动”转向“创新驱动”

近年来，随着我国劳动年龄人口逐年减少，土地等资源供需形势发生变化，生态环境硬约束强化，人口红利正在消减，依靠生产要素大规模高强度投入的“要素驱动”模式已难以为继。以劳动年龄人口为例，根据国家统计局的数据，2012—2018年，我国劳动年龄人口逐年减少（见图2-2）。支撑经济发展的主要驱动力已由生产要素大规模高强度投

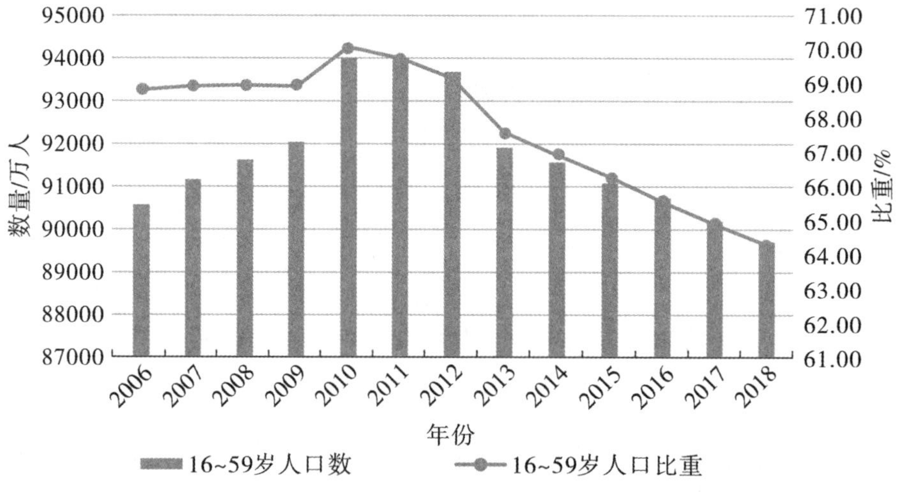

图2-2　我国劳动年龄人口数量和比重变化趋势

数据来源：历年《国民经济和社会发展统计公报》。

入转向科技创新、人力资本提升带来的“乘数效应”，这个阶段的瓶颈主要是创新能力和人力资本不足。从数据对比来看，我国全要素生产率水平与世界主要发达国家相比仍有较大差距，创新能力成为新阶段提高全要素生产率的主要制约因素，必须把创新作为第一动力，依靠科技创新和人力资本投资，不断增强经济创新力和竞争力。

（四）更加公平的发展：从“分配不公”转向“普惠包容”

高质量发展的最终目的是满足人民对美好生活的需要，促进人的全面发展，实现全体人民共同富裕，这是中国特色社会主义的本质要求。高质量发展不仅要有高效率的生产体系，更要形成共享包容的分配体系。这就要求创造较为充分的就业机会，形成基本合理的收入分配结构，使居民收入稳定提高，中等收入群体不断扩大，基本消除贫困，教育、医疗、养老、社会保障等基本公共服务的数量和质量能够满足居民的需要。中等收入群体扩大将是重要的衡量标志。如果以家庭人均可支配收入为基础数据，采用绝对和相对标准相结合的方式定义中等收入群体，将2018年欧盟统计局公布的18个欧盟成员国收入中位数的70%～200%，作为定义我国中等收入群体的上下限（人均可支配收入1.69万～4.83万美元），2018年我国中等收入群体总人数约为3.3亿人，占总人口的23.6%。但我国中等收入者占比仍大幅低于发达国家水平，也低于这些国家与我国处在相近发展阶段时的水平。今后一个时期，扩大中等收入群体要满足两个基本条件：一是居民收入增长与经济增长基本保持同步；二是有效调整收入分配结构。满足第一个条件，必须推动经济转入高质量发展轨道，切实提高劳动生产率和全要素生产率；满足第二个条件，必须深化收入分配体制改革，推进形成更加普惠包容的发展方式。

（五）更可持续的发展：“高碳发展”转向“绿色发展”

改革开放以来，我国经济在高速增长的同时，也使资源和能源消耗迅速增加。2018年，我国能源消费总量达到46.4亿吨标准煤，是1985年的6.1倍（见图2–3）。伴随工业迅猛扩张，主要污染物排放也大量增加。这种以资源、能源和环境质量损耗为代价的“灰色增长”，透支了发展的质量和效益。根据经济合作与发展组织（OECD）的研究，如果考虑到环境污染等因素，中国过去一个时期的GDP增长率将会下调。进入高质量发展阶段，人民群众对优美生态环境的需要更加强烈，从过去的“盼温饱”到现在的“盼环保”，从过去的“求生存”到现在的“求生态”，对提供更多优质生态产品提出更高要求，绿色发展将成为优先选择。绿色发展作为一种全新的发展模式，把外部化的成本内部化，将重新定义投入与产出、成本与收益，改变传统的发展观。生态环境作为可创造财富的资源，由发展负担变为发展增值，将推动绿色发展成为经济发展方式转变的重要途径。

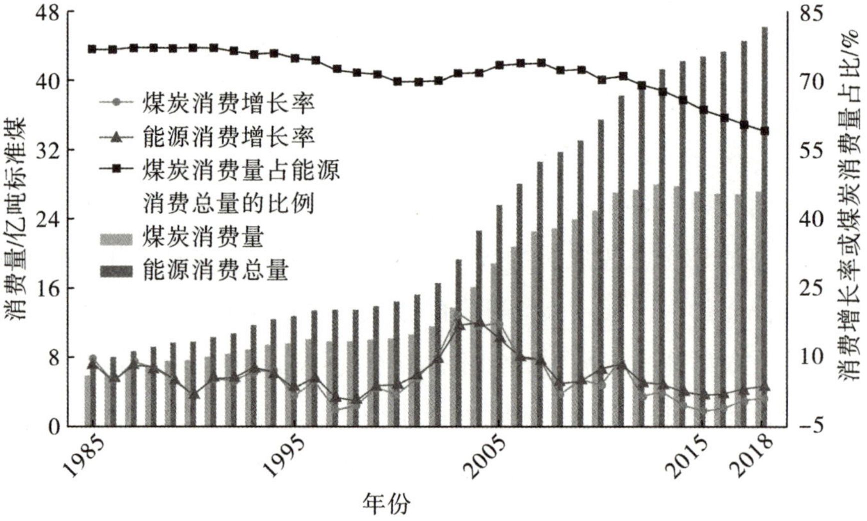

图2-3　1985—2018年中国能源消费总量和增速情况

资料来源：历年《中国能源统计年鉴》。

第二节　中国经济转向高质量发展阶段的内外环境和机遇挑战

推动经济高质量发展，既是适应国际环境深刻复杂变化的客观需要，也是决胜全面建成小康社会、开启全面建设社会主义现代化国家新征程的内在要求。

一、国际环境深刻复杂变化提高了我国推动高质量发展的紧迫性

当今世界正经历百年未有之大变局。新一轮科技革命和产业变革从导入期转向拓展期，国际经贸规则和全球治理体系加快重构，国际政治格局不稳定性上升。推动高质量发展，才能进一步增强我国综合国力和竞争力，在应对百年变局中牢牢把握主动权。

（一）新一轮科技革命和产业变革正在从导入期转向拓展期

以人工智能、大数据、物联网、云计算等为核心的新一轮科技革命和产业变革，对全球产业链、供应链、价值链产生前所未有的深刻影响，重塑各国经济竞争力和全球竞争格局。生产过程的数字化、网络化、智能化使劳动力、土地等传统生产要素的地位相对下降，人口素质和人力资本成为提升国家竞争力的重要因素。与以往工业革命主要替代体力劳动不同，以智能化为主要特征的新一轮工业革命，对简单脑力劳动和程序化工作的替代加快。新一轮科技革命和产业变革为我国转向高质量发展提供了难得的历史机遇，但要抓住这个重大机遇，需付出艰苦努力。

（二）经济全球化深度调整将重塑全球分工格局和治理体系

经济全球化从高潮转向低潮，国际贸易和跨境投资增速放缓，服务贸易地位上升，数字产品贸易和产业内贸易占比明显提高，跨境投资规则更

加复杂，全球产业链、供应链、价值链布局由成本主导转向成本、市场和技术等因素并重，全球分工格局面临系统性调整，国际经贸规则和全球治理体系加快重构。在多边贸易谈判受阻的情况下，美欧自贸协定和全面与进步跨太平洋伙伴关系协定（CPTPP）等加快推进，推出一系列新的贸易规则，正在深刻影响全球经济治理体系变革的走向。全球分工格局和治理体系重塑，为我国争取更加有利的国际地位创造了条件，但也使我国面临着以美国为代表的西方经济体重构国际经贸规则并挤压我国发展空间的挑战，我国加快转向高质量发展和提升国际竞争力更加紧迫。

（三）国际政治格局不稳定性上升特别是美国对我国的战略遏制日趋强化

国际政治格局不确定因素增多，西方国家国内财富分配失衡引发利益分配的极化现象，导致民粹主义、民族主义思潮上升，少数西方大国为转移国内压力，频频发起贸易战、科技战、金融战，推动国内矛盾国际化，政治因素引发的"黑天鹅"和"灰犀牛"事件易发多发。随着我国经济实力和综合国力的提升，来自以美国为代表的西方经济体在经贸、科技、金融、制度、意识形态等方面的压力前所未有，特别是美国强化对我国的战略遏制和围堵，并将随着我国日益走向世界舞台中央而日趋强化，我国建设现代化经济体系面临的挑战明显增多。

二、我国具有推动经济高质量发展的有利条件

党的十八大以来，我国经济结构发生重大变革，中等收入群体不断扩大，供给侧结构性改革不断深化，科技创新进入活跃期，经济体制改革取得重大进展，为推动经济高质量发展创造了有利条件。

（一）经济结构重大变革为高质量发展创造条件

2013—2018年最终消费支出对经济增长的贡献率年均为59.5%，高于资本形成总额对经济增长的贡献率17.6个百分点，2018年最终消费支出对经济增长的贡献率为76.2%，比资本形成总额对经济增长的贡献率高43.8

个百分点，消费成为经济增长的主要驱动力（见图2-4）。与需求结构变化相适应，供给结构调整优化，2018年服务业占国内生产总值的比重比2012年提高6.9个百分点，2013—2018年，服务业对经济增长的贡献率年均为53.9%，高于第二产业11.5个百分点。服务业的人力资本投入大，服务业占比上升，将有利于改善收入分配，提高消费对经济增长的贡献率。服务业占比提高、消费贡献上升，将增强经济运行的稳定性，为推动经济高质量发展创造基础条件。

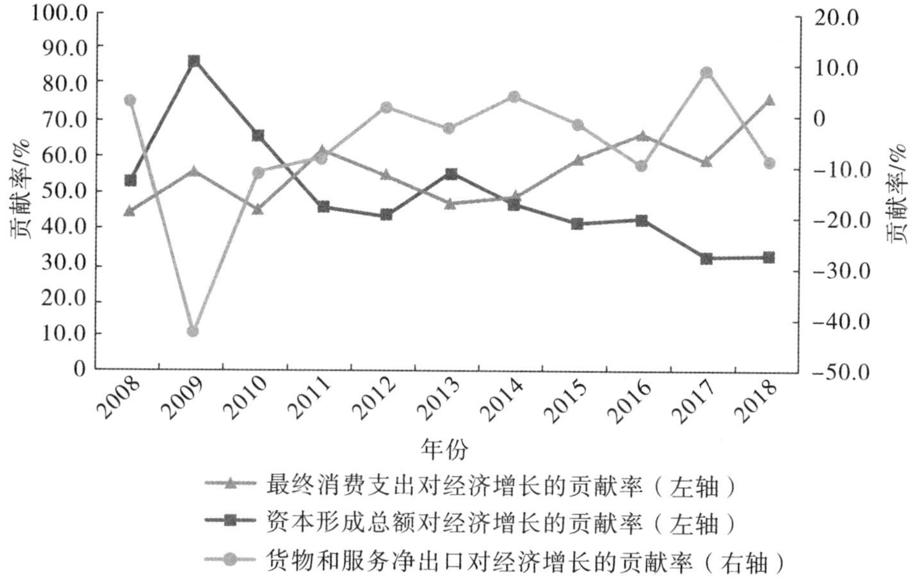

图2-4　三大需求对经济增长的贡献率

数据来源：国家统计局。

（二）中等收入群体不断扩大为高质量发展提供了市场驱动力

随着居民收入水平的提高，我国已形成世界上规模最大的中等收入群体，进而推动国内市场成为全球最大的消费市场。2018年我国恩格尔系数降至28.4%，达到联合国划分的20%～30%的富足标准。居民对商品和服务的质量要求明显提升，千禧一代、互联网一代更加追求个性化消费，旅游、养老、教育、医疗等服务需求快速增长，由此形成的消费结构向高端化、个性化、服务化转型升级，增强了高质量发展的市场驱动力。

（三）深化供给侧结构性改革为高质量发展开辟途径

2015年末启动供给侧结构性改革以来，钢铁、煤炭去产能超额完成目标任务，房地产库存明显减少，企业杠杆率稳中有降，减税降费成效显现，公共服务和基础设施等短板加快补齐。供给侧结构性改革不仅有效扭转了供需形势，改善了市场预期，促进工业品价格由负转正，工业企业利润明显增加，而且有效增强了市场功能，优化了存量资源配置。我国全要素生产率增速自2015年由降转稳，扭转了金融危机后的下行态势，反映了供给侧结构性改革对提高资源配置效率的重要作用。

（四）科技创新进入活跃期为高质量发展提供技术支撑

实施创新驱动发展战略，科技创新和战略高技术取得重大突破。根据世界知识产权组织（WIPO）发布的《2018年全球创新指数报告》，我国创新指数世界排名升至第17位，比2013年提升18位，成为前20名中唯一的中等收入经济体。根据世界知识产权组织公布的数据，2018年我国《专利合作条约》（PCT）国际专利申请受理量达到5.3万件，超过日本名列全球第二。我国PCT国际专利申请量在全球占比快速提升，2018年达到21.1%（见图2-5）。推动高新技术产业化，使我国移动支付、电子商务、平台

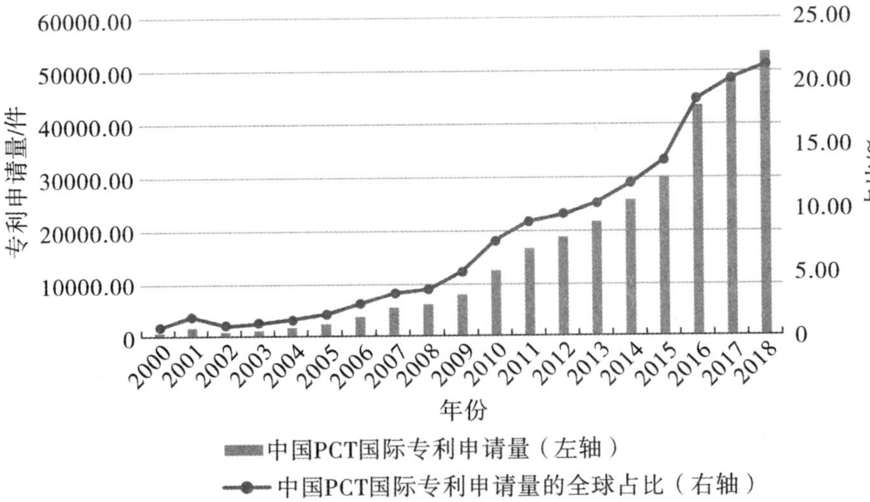

图2-5　中国PCT国际专利申请量及其占比

数据来源：世界知识产权组织、Wind资讯。

经济、无人零售、新能源汽车等跻身世界前列，为高质量发展提供技术支撑。

（五）全面深化改革为高质量发展提供制度保障

改革全面发力、多点突破、纵深推进，重要领域和关键环节改革取得突破性进展，主要领域改革主体框架基本确立。开放型经济新体制逐步确立，对外贸易和对外投资稳居世界前列。“改革开放是决定当代中国命运的关键一招”成为全社会共识，将进一步坚定全社会全面深化改革的决心，推进重大领域和关键环节改革，加强产权特别是知识产权保护，加快要素市场化配置改革，扩大服务业特别是金融业对外开放。改革开放不断深化，将有效改善高质量发展的制度环境。

三、推动经济高质量发展面临的挑战

从高速增长转向高质量发展，既是适应内外环境变化的系统性调整，也是跨越关口的惊险一跃，不可避免将遇到前所未有的挑战。

（一）重大结构性矛盾依然突出

实体经济供需结构失衡。随着居民收入水平提高和中等收入群体扩大，需求结构加快转型升级，高端化、多样化、个性化需求与日俱增，服务需求占比明显提高，但供给结构仍然锁定在中低端，跟不上需求结构升级的步伐，需求结构升级带动供给结构优化的循环尚未形成。特别是在发达经济体推动高端制造业回流和新兴经济体加快承接终端制造业、全球制造业供应链加快重构的背景下，产业结构调整面临“两头挤压”，供给体系提质增效面临挑战。金融和实体经济失衡。供需结构错配，造成实体经济效益下滑。在实体经济利润下降的情况下，金融资源大量流入虚拟经济领域，或者在金融领域通过加杠杆套取收益。新增信贷和金融资源用于支持实体经济投资的比重明显下降，资金“脱实向虚”现象显现，金融风险不断聚集。房地产和实体经济失衡。过去一个时期，金融资源过度向房地产领域集中，挤压了实体经济的发展空间，抑制了创业创新活力，也进一步加剧了房地产资产泡沫化。随着房地产调控力度加大，房地产开发企业资金回笼速度放缓，债务条件有可能恶化。经济结构性矛盾相互交织，影响到需求、供给、投入产出、收入分配、资源配置的循环，不利于经济结构优化和经济高质量发展。

（二）科技“卡脖子”问题凸显

近年来，实施创新驱动发展战略取得积极成效，但创新基础能力薄弱，基础研究和应用基础研究投入长期偏低，高端芯片、基础软件、工作母机、基础材料等关键核心技术受制于人的局面尚未得到根本改变，科技“卡脖子”问题凸显，特别是随着我国主要领域科技水平日益接近前沿地带，发达国家通过“科技战”阻滞我国技术升级的动机也在强化，科技“卡脖子”的范围、程度和影响都可能进一步增大。这有可能影响我国在新一轮科技革命和产业变革中抢占国际竞争制高点，进而影响产业迭代和国际竞争力的提升，并有可能威胁我国的技术安全、产业安全和经济安全。今后一个时期，依靠新型举国体制解决“卡脖子”问题，必须处理好市场化激励与政府配置科技资源、短期成本与长期收益、市场利润导向与国家战略导向等的重大关系，还需加大部门协同、资源整合和统筹协调力度，解决好应用场景、政府采购、招投标、国产新品、首台（套）、评价体系和行业监管等问题。

（三）金融风险不断积累和释放

金融风险的根源是宏观杠杆率上升过快。在高速增长期，基于对未来经济增长和收入的乐观预期，市场主体更倾向于高估自身的债务承受能力，整个经济体系信用快速扩张，形成资产价格上升、负债规模膨胀、资产规模扩大的循环反馈机制。地方政府的投资冲动和金融机构的约束机制不健全，也在体制上加剧了这种顺周期效应。而一旦实体经济增长势头逐步减弱，就会出现资产价格下降、债务规模攀升、资不抵债或流动性枯竭的循环，绷得过紧的债务关系就会在薄弱环节出现分裂，引致金融风险集中释放。近年来，商业银行不良率上升，中小金融机构风险增大，债券违约事件增多，地方政府性债务特别是隐性债务风险上升，宽松的货币政策导致房市等资产价格处于高位，对政策调整极度敏感，P2P“爆雷”事件增多对社会稳定带来较大冲击。国际金融市场动荡引发资本大规模流动，对我国汇率和资本市场造成压力。防范化解金融风险是高质量发展的底线性、本质性要求。如果不能有效化解积累的风险，进而出现重大系统性风险，高质量发展就会失去基础和前提。

（四）收入差距有可能继续扩大

2008年我国基尼系数一度达到0.491，此后虽连续7年下降，但只减少0.029，2016年又开始反弹，攀升到2017年的0.467。如果考虑财富的因素，收入差距会更大，而且财产性收入差距对总体收入不平等的贡献在持续增加。从结构上看，城乡收入差距虽然持续缩小，但进一步缩小的难度加大；地区发展差距2015年后再次扩大，而且呈现南北分化的新特征，区域分化态势短期内难以改变。今后一个时期，我国收入差距不会随经济增长自发缩小。这是因为导致收入差距扩大的体制性因素仍然存在，城乡二元体制尚未根本改变，垄断行业改革有待深化，社会保障体制有待完善。特别是随着房地产价格大幅攀升的窗口期基本结束，住房资产的财富效应逐步消失，既有的财富占有格局有可能被“锁定”。同时，人工智能广泛使用，加快了机器人对中低端和程序化就业岗位的替代，这也将成为拉大收入差距的重要因素。收入差距长期保持高位，将加剧社会阶层固化，并通过人力资本投资、社会资本和婚配等机制影响到后代成年后的发展，使社会分化进一步加剧并转化为社会风险。

（五）资源环境压力持续增大

我国生态文明建设正处于压力叠加、负重前行的关键期，能源资源消费和污染排放将陆续达到峰值。能源资源消费峰值将在2030—2040年出现，消费总量为60亿～80亿吨标准煤，人均能耗峰值水平相当于美国人均能耗峰值的32%～42%，日本人均能耗峰值的65%～84%。总体上看，我国仍处在环境库兹涅茨曲线的拐点期①，这个时期往往也是资源环境压力持续增大的时期，如何将压力转化为在高速增长时期形成的传统发展方式的动力，是转向高质量发展绕不过去的问题。

（六）深层次体制机制矛盾仍然突出

推动高质量发展，需要公平竞争的市场环境、更加有效的产权保护（如知识产权保护）、更加严格的生态环境保护，但一些地方仍然习惯于用行政手段发展经济，对土地、资本等要素直接干预，依靠债务驱动、房地产市场拉动经济增长的动力仍然较强，造成资源要素价格扭曲和利用效率下降。国有企业现代企业制度不健全，在部分竞争性领域仍呈扩张态势，上游垄断企业和大型金融企业的超额利润影响经济良性循环。民营企业产权保护还不到位，一些地方侵害民营企业产权的行为时有发生，阻碍民营企业进入的“玻璃门”“旋转门”和“弹簧门”依旧不同程度存在。适应高质量发展要求的财税、金融、对外开放等体制机制亟待进一步完善。地方政府推动高质量发展的能力不足，缺乏有效激励。与此同时，高质量发展的指标体系、政策体系、标准体系、统计体系、绩效评价体系、政绩考核体系尚未建立，难以引导干部向高质量发展凝心聚力。

综上所述，现阶段我国仍处在高速增长向高质量发展转变的过程中，还不能说已经进入高质量发展阶段。无论是从外部环境变化、全球科技革命的趋势看，还是从我国经济结构变革、空间形态变化、收入分配和社会分化、资源环境压力的态势看，转向高质量发展的过程都是一个艰难的爬坡过坎的过程。

---

① 1991年，美国普林斯顿大学经济学教授格罗斯曼（Grossman）和克鲁格（Krueger）将倒U形的库兹涅茨曲线原理应用于环境质量与经济增长关系的研究中。环境库兹涅茨曲线表明：当大规模工业化建设展开时，由于资源投入大量增加，污染排放增多，从而产生对环境的负的规模效应，环境质量不断恶化；而当大规模工业化建设进入深化发展阶段时，由于新技术应用、产业结构优化升级，以及清洁能源的推广，环境改善出现正的规模效应，环境质量随着经济增长逐步改善。

第三节　着力提高全要素生产率

经济增长一方面取决于要素投入，另一方面取决于全要素生产率的提升，这是经济增长的两个源泉。要素投入包括劳动、物质资本、人力资本等。经济增长扣除要素投入贡献后的“余值”部分，就是全要素生产率的贡献。全要素生产率往往被作为技术进步的近似衡量指标。全要素生产率对经济增长的贡献，既包括“硬技术”对经济增长的贡献，也包括“软技术”如要素升级、结构优化、资源配置和制度变革等因素对经济增长的贡献。全要素生产率是测度经济增长质量和效率的重要指标。

我国经济转向高质量发展阶段，已经不可能像高速增长阶段那样主要依靠要素投入驱动经济增长，必须转向更多依靠全要素生产率的提高。在经济增速放缓和要素成本提高的背景下，只有提高全要素生产率，才能对冲劳动力成本上升，投资的边际产出才能稳定增长，企业才能提高盈利水平，积累的风险才能得到有效释放，资源环境压力才能逐步缓解。因此，提高全要素生产率，实现从高速增长向高效增长的跃升，应是转向高质量发展的主旋律。

从整体来看，改革开放后，我国全要素生产率保持了较快增长，而国际金融危机后增速呈现下降态势，对经济增长的贡献率也有所降低。1978—2018年，我国国内生产总值年均增长9.4%，这一时期全要素生产率年均增速为3.2%左右，对我国经济增长的贡献率平均为34%，虽然相比发达国家经济增长70%左右依赖全要素生产率仍有较大差距，但依然对经济增长起到了重要作用。需要指出的是，全要素生产率核算方法的内在缺陷，会使得发展中国家全要素生产率被低估。比如，全要素生产率核算无法刻画内嵌在投资品和中间产品中的技术进步。也就是说，通过进口高技术投资品和中间产品投入所带动的技术进步，在增长核算中会被归入要素投入而不会被归入全要素生产率。根据世界贸易组织（WTO）2011年的研究报告，我国出口中包含进口比例由1985年的8%左右上升到2008年的

37%。如果把这个因素纳入考虑范围，则全要素生产率对我国经济增长的贡献份额将高于现有的测算水平。

2008年以来，我国全要素生产率增速总体上呈现下降趋势，对经济增长的贡献率已下降至30%以下。2005—2008年，我国全要素生产率年均增速达到4.8%，2008年以后增速大幅下降至2%以下。需要指出的是，从2015年开始，我国全要素生产率增速呈现小幅回升态势，但总体水平低于2%的格局还没有改变。

无论从外部环境变化、全球科技革命的趋势看，还是从我国经济结构变革、资源环境压力的态势看，提高全要素生产率都是一个必须推进又将面临诸多挑战的过程。从国际比较看，我国全要素生产率与发达国家的差距仍然较大，而且最近几年向发达国家靠近的步伐有所放缓。根据联合国国际比较计划（UNICP）相关负责人委托美国宾夕法尼亚大学建立的“佩恩表”（PWT）数据库测算，2009年以来，我国全要素生产率与美国的比值基本在40%左右，2017年这一比值仅为38.4%，而日本、英国、法国、德国、加拿大、澳大利亚的全要素生产率分别为美国的75.2%、80.1%、97.4%、99.2%、84.0%、85.2%，大致是我国的2倍（见图2-6），这也意味着我国提升全要素生产率仍有较大空间。日本和韩国在基本完成工业化和经济增速“下台阶”的阶段，全要素生产率分别达到美国的80%和60%。日本和韩国的阶段性峰值分别出现在1980年和1991年，之后便长期停滞不前。显然，达到美国全要素生产率的60%和80%，是我国现代化进程中必须迈过的两个台阶。

如果我国到2035年基本实现现代化，那么全要素生产率要达到美国的60%，也就是达到韩国的水平，全要素生产率就要以比美国更快的速度提高。若设定美国2015—2035年全要素生产率年均增速为1%（美国2000—2014年全要素生产率年均增速为0.76%，但若剔除2008年和2009年美国爆发金融危机时全要素生产率增速为负和为零的数据，这个时期全要素生产率年均增速为0.93%），那么，2015—2035年中国全要素生产率年均增

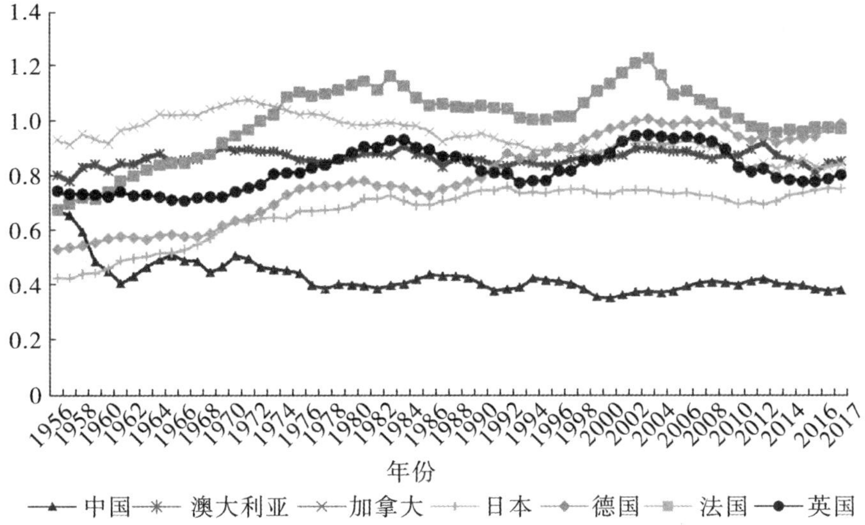

图2-6　主要国家全要素生产率指数与美国的比较

注：美国的全要素生产率指数为1。

速要达到2.7%，全要素生产率才能在2035年达到美国的60%。国际金融危机后，我国全要素生产率增速明显放缓，近年来虽有所回升，但仍不到2%。如果今后一个时期经济增速由目前的略高于6%下降至5%左右，那么全要素生产率要达到2.7%的年均增速，则意味着全要素生产率对经济增长的贡献率要超过50%。从以往的经验看，这并非易事。这也表明，提高全要素生产率必须打一场硬仗。

提高全要素生产率，必须消除资源配置扭曲，推动产业技术变革，提升原始创新能力。这也是填补生产效率洼地、推进新旧动能转换、释放经济增长潜能、实现经济中长期持续增长的主要源泉。

消除资源配置扭曲，就是要把劳动力、土地、金融资源配置到生产率更高的领域，使经济达到潜在生产可能性边界。这既是过去高速增长阶段的重要动力，也是高质量发展阶段经济可持续增长的源泉。这就要求加快劳动力、土地和金融改革。放开放宽除个别超大城市外的城市落户限制，建立城镇教育、就业、医疗卫生等基本公共服务与常住人口挂钩机制，推动农业转移人口市民化。加快落实集体经营性建设用地入市改革，探索宅基地所有权、资格权、使用权“三权分置”改革，促进城乡要素双向合理流动。放开金融服务业市场准入，破除金融资源优化配置的障碍，疏通金融和实体经济的传导机制。

推动产业技术变革，就是要加快产业的数字化、智能化改造和先进技术的扩散，使中国的潜在生产可能性边界达到国际前沿水平，从而释放仍然存在的追赶潜能。这就要求适应新一轮科技革命和产业变革新趋势，加快发展新一代信息技术、集成电路、高端装备、新材料、生物医药、智能制造等战略性新兴产业，推动人工智能、物联网、大数据、区块链等技术创新与产业化应用。加快5G通信网络等新一代基础设施建设，推动5G在工业互联网、车联网、零售物联网等场景的应用。推进京津冀协同发展、粤港澳大湾区建设、长三角一体化发展，培育世界级超大规模产业集群和新增长极，构建高质量发展的动力源。

提升原始创新能力，就是要加强基础研究和原始创新能力建设，不断发现原创成果和原创技术，使中国在部分领域实现生产可能性边界的超越。这就要求健全鼓励支持基础研究、原始创新的体制机制，营造有利于提升原始创新能力和创新质量的良好环境，增强原始创新技术供给能力。加大基础研究投入，特别是支持有能力的企业加大基础研究投入，以基础研究的突破带动引领性原始创新成果、战略性技术产品的重大突破，在更多领域跻身世界领先行列。构建社会主义市场经济条件下新型举国体制，健全国家实验室体系，加快解决关键核心技术“卡脖子”问题。提升产业基础能力，提高基础材料、基础零部件（元器件）、基础工艺和基础软件的自主研发能力。

今后一个时期，我国全要素生产率提高的空间和潜力仍然较大。释放这些潜力，促进生产率提高和经济持续较快发展，需要全面深化改革，创造更加有效的要素配置环境和更加有活力的创新环境。

第四节　以高标准市场经济建设为高质量发展开辟途径

从高速增长转向高质量发展，既是发展方式转变、经济结构优化、增长动力转换的过程，又是体制变革和机制创新的过程。高质量发展必须以深化改革为保障，以建设高标准市场经济为根本途径。

一、强化竞争政策基础性地位

竞争是市场经济的本质要求。强化竞争政策基础地位，完善公平竞争的市场环境，是推动高质量发展的重要基础条件。改革开放以来，作为一个追赶型经济体，我国借鉴日本、韩国等国家的经验，政府主导制定产业政策，对推动产业发展和缩小与工业化国家差距发挥了重要作用。然而，产业政策效果并不完全如意，比如，政府选产业、定项目，往往“有心栽花花不开，无心插柳柳成荫”，还带来诸如行业壁垒、企业垄断、市场分割、地方保护、不公平竞争、所有制歧视等问题，妨碍了统一开放、竞争有序的市场体系形成。随着我国部分产业领域的技术逐步接近国际前沿，再按老套路用产业政策鼓励特定产业发展，就会因政府信息优势弱化，造成产业选择失误，加剧重复生产和资源配置扭曲。高质量发展，要从解决“有没有”问题转向解决“好不好”问题，迫切要求强化竞争政策基础地位，通过市场竞争倒逼企业提高产品和服务质量，让落后企业退出，让优质企业成长，真正让市场“说了算”。当前，最迫切的是要建立健全公平竞争制度，落实公平竞争审查制度，加强对新制定法律法规和政策的公平竞争审查。同时，通过立法明确竞争政策基础地位，以竞争政策为基础协调相关政策，除了符合“例外规定”的领域或遇到特殊情况，都要以遵循公平竞争为基本原则。加快完善《中华人民共和国反垄断法》《中华人民共和国反不正当竞争法》《中华人民共和国消费者权益保护法》等法律，制定促进公平竞争和放开市场准入的政策，鼓励在市场运行的各个环节开展公平竞争，防止和惩罚各种限制竞争和不正当竞争行为，维护公平竞争秩序。

二、进一步完善产权制度

产权制度是市场经济的基石。只有清晰界定产权，市场交易才能进行；只有平等有效保护产权，市场主体才会放心投资；只有进一步完善产权制度，资源配置效率才能得到不断提高，高质量发展才能持续推进。要健全以公平为核心的产权制度，营造各种所有制经济依法平等使用生产要素、公开公平公正参与市场竞争、同等受到法律保护的良好制度环境，在竞争环境上为非公有制经济扫清障碍、降低门槛，增加民营企业使用土地、资金等生产要素的机会，在法律保护的制度建设方面对民营企业一视同仁，为民营企业保驾护航。

三、探索科技成果产权激励

产权激励是最有效的激励。强化产权激励，才能激发创新主体的活力和创造力，释放人力资本的生产潜力，提高全要素生产率。创新是发展的第一动力。把创新摆在高质量发展的核心位置，增强创新对经济增长的驱动力，是推动高质量发展的根本途径。近年来，我国科技创新取得重大进展，已成为具有重要影响力的科技大国。但也要看到，原始创新能力不强、关键核心技术受制于人的局面尚未根本性改变，科技人员创新潜力尚未充分释放。这些问题的根源在体制机制，核心是科技人员的激励机制不健全，根本是产权激励机制不到位。探索科技成果产权激励，赋予科技人员职务科技成果所有权和长期使用权，对推动创新驱动发展战略的实施、进一步解放和发展科研生产力意义十分重大。要探索赋予科研人员职务科技成果所有权和长期使用权，激发科研人员忘我投入研发的积极性，激励科技人员更加注重研发成果的产业化，提高科技供给质量和效率。鼓励科技人员以科技成果评估作价入股方式进行科技成果转化，大幅增加科研人员通过科技成果转化所获得的收益。在总结经验的基础上，修订《中华人民共和国专利法》《中华人民共和国促进科技成果转化法》《事业单位国有资产管理暂行办法》等法律法规，为科技成果产权激励提供法律保障。

四、深化土地制度改革

土地是最重要的生产要素。深化土地制度改革、提高土地资源配置效率，是推动高质量发展的重要途径。要深化集体经营性建设用地入市改革，建设城乡统一的建设用地市场，允许农村集体经营性建设用地在符合用途管制和规划的前提下出让、租赁、入股，实行与国有土地同等入市、同价同权。探索宅基地所有权、资格权、使用权“三权分置”改革，落实宅基地集体所有权，保障宅基地农户资格权和农民房屋财产权，适度放活宅基地和农民房屋使用权、交易权。改进耕地占补平衡管理办法，建立高标准农田建设等新增耕地指标、城乡建设用地增减挂钩节余指标跨省域调剂机制，将所得收益全部用于巩固脱贫攻坚成果和支持实施乡村振兴战略。

五、加快人力资本积累

人才是发展的第一资源。加大人力资本投资、释放人才红利，是推动高质量发展的战略保障。要推进高等教育内涵式发展，以创新人才培养为中心，提高教育质量，增强高等学校的创新能力建设。放宽国外一流大学到国内合作办学的条件，推动高等教育改革和提高教育质量。加快发展现代职业教育，把部分地方本科院校转型为职业技术高校和职业教育学院，加大劳动力的职业技术培训力度，培养大批专业技能人才。提高基础教育的普惠性和公平性，提高义务教育水平，加快普及学前教育和高中阶段教育，提升基础教育质量，缩小城乡教育差距。探索创新型人才培养和成长机制，完善人才评价、流动和配置机制，发现、培养和用好人才，使各类人才的创新智慧和潜能竞相迸发，培养造就一大批具有国际水平的战略科技人才、科技领军人才、青年科技人才和高水平创新团队。在充分用好国内人才资源的同时，积极引进国外高水平人才和智力资源。

六、优化空间资源配置

促进形成网络化区域发展格局、提高要素空间资源配置效率，是推动高质量发展的有效途径。要加快完善国家高速铁路网，优化客运枢纽集疏运功能，建设安全经济、高效通达的快速客运系统。加强物流基础设施网络建设，打造便捷可靠、优质高效的快速货运系统，提高货物换装的便捷性、兼容性，促进各种运输方式的顺畅衔接和高效中转，提升物流效率，降低区域间物流成本。积极发展城市群和大都市圈。优化发展长三角、京津冀和粤港澳大湾区，促进形成以上海、北京、广州、深圳等一批国际大都市为核心的开放型国际化城市体系。积极培育长江中游、成渝地区、中原地区、关中地区、北部湾等一批基础条件较好、发展潜力较大的新兴城市群。以高速铁路、高速公路为骨干，以综合交通枢纽为支点，建设连接主要中心城市的综合立体快速通道，实现城市群内部和城市群之间的快速高效连接，畅通人流、物流循环，提高空间配置效率。

七、推进绿色低碳发展

我国正处在环境库兹涅茨曲线的拐点期。有效应对污染排放峰值的环境挑战，是推动高质量发展必须解决好的问题。要加大绿色转型的攻坚力度，加快发展节能环保和清洁生产、清洁能源等绿色制造业，生态循环农业等绿色农业，合同能源管理、合同节水管理、绿色科技服务等绿色服务业，建设绿色产业体系。加大绿色技术研发投入，增强为企业绿色技术改造提供装备的能力，建设绿色科技创新体系。推广减量化、再利用、资源化“3R”生产法，实现企业循环式生产，完善资源节约和循环利用体系。发展绿色金融，完善碳排放权交易市场，推行排污权交易制度，建立绿色发展市场服务体系。倡导简约适度、绿色低碳的生活方式，鼓励使用节能减排的绿色产品，推动形成绿色生活消费体系。深化环境监管体制改革，完善环境监管法律法规，优化监管组织结构，提高专业性和监管能力，完善绿色发展监管体系。

八、有效防范化解风险

我国正处在风险易发高发期，有效防范化解高速增长时期积累的风险，是推动高质量发展的底线性要求。金融风险和房地产风险是当前最突出的风险，主要表现为宏观杠杆率过高、金融资源错配和房地产资产泡沫等风险。这些风险积累到一定水平，或当遭遇突如其来的外部冲击时，就有可能形成风险放大机制，并迅速传导至实体经济部门，继而引发系统性风险。短期要以防范化解金融风险和房地产风险为重点，深化金融体制改革，健全市场化法治化违约处置机制，完善金融监管体系，补齐监管短板和填补监管空白，采取措施处置一批风险点，着力控制增量，积极处置存量，防止金融存量风险集聚；加快研究建立符合国情、适应市场规律的房地产基础性制度和长效机制，采取措施抑制房地产泡沫，避免房地产市场大起大落，酿成系统性风险。从中期看，风险防范的重点是实体经济部门杠杠率过高、全要素生产率下降、产业升级迟滞和竞争力不强等问题。要坚定不移推进供给侧结构性改革，着力提高劳动生产率和全要素生产率，提升供给体系的质量和效率，重塑我国产业竞争力，促进形成新旧动力有序接续、协同拉动经济发展的新局面。另外，政府部门风险管理体系建设滞后、风险管理能力不足是风险防范和应对的短板。风险管理是一个覆盖事前、事中和事后全过程的管理，而不仅仅是危机爆发后的应急处置。要加强风险评估、风险预警、风险应对、风险处置等能力建设，创新激励机制，加强风险管理人才队伍建设，提高专业能力和水平，建设现代风险管理体系，筑牢防范化解风险的基石。

九、推动高水平对外开放

进一步扩大开放，推动由商品和要素流动型开放向规则、规制、管理、标准等制度型开放转变，对标国际先进水平，缩小与前沿国家生产率的差距，是推动高质量发展的有效途径。扩大服务业对外开放，推动银行、证券、保险、教育、医疗、建筑设计等领域有序对外开放，逐步放宽外资准入限制。加大促进和保护外商投资的力度，继续缩减外商投资负面清单，简化外资企业设立和变更管理程序。实行积极的进口政策，进一步降低关税，减少非关税进口限制措施，扩大中高档消费品、高端装备、关键零部件和我国稀缺资源的进口。健全“一带一路”投资服务体系，在完善审慎监管政策和有效管控风险的基础上，鼓励人民币向境外贷款和投资，培育建设人民币离岸市场，扩大人民币境外循环，稳步推进人民币国际化。发挥好自贸试验区改革开放试验田作用，推动建设海南自由贸易港。积极主动参与世贸组织改革，加快多双边自贸协议谈判，促进贸易和投资自由化便利化。

十、健全与完善激励机制

高质量发展要充分调动各方面的积极性。建立与约束机制相对应的激励机制，充分调动企业家、科技人员和基层干部的主动性、积极性、创造性，是推动高质量发展的重要保障。要加快形成推动高质量发展的指标体系、政策体系、标准体系、统计体系、绩效评价、政绩考核体系。健全完善激励机制，通过物质激励、精神激励、晋升激励等方式，激发各类人员干事创业的动力和热情，提高不作为的风险和成本。完善容错纠错机制，科学界定容错免责的边界，根据损失大小、事件性质、事件缘由等因素清晰认定免责。鼓励地方根据当地实际进行各具特色、富有成效的探索，鼓励基层干部积极主动作为，促进各方面形成强大合力，推动高质量发展不断取得新进展。

第三章

深化供给侧结构性改革是建设现代化经济体系的重要途径

深化供给侧结构性改革是建设现代化经济体系的逻辑主线。近年来，我国经济发展面临的矛盾和问题，有周期性、总量性问题，但结构性问题最突出，矛盾的主要方面在供给侧。2018年底召开的中央经济工作会议明确指出，必须坚持以供给侧结构性改革为主线不动摇，更多采取改革的办法，更多运用市场化、法治化手段，在“巩固、增强、提升、畅通”八个字上下功夫。这是在我国经济发展的内外环境发生深刻变化的背景下，中央对深化供给侧结构性改革作出的新的战略部署。要在实践中深化和拓展供给侧结构性改革，并将之与建设现代化经济体系有机结合起来。

第一节　深化供给侧结构性改革为建设现代化经济体系创造条件

2015年，针对我国经济运行面临的重大结构性失衡，党中央作出推进供给侧结构性改革的重大决策。我国经济运行面临的突出矛盾和问题，虽然有周期性、总量性因素，但根源是重大结构性失衡导致经济循环不畅，必须从供给侧结构性改革上想办法。推进供给侧结构性改革，是对我国经济发展思路和工作着力点的重大调整，对化解经济发展面临的矛盾和问题、推动现代化经济体系建设有重要意义。

一、推进供给侧结构性改革的重大意义

推进供给侧结构性改革，是在全面分析国内经济阶段性特征基础上作出的重大决策，是调整经济结构和转变经济发展方式的治本良方，是培育增长新动力形成先发优势的必然要求。

（一）供给侧结构性改革是在全面分析我国经济阶段性特征基础上作出的重大决策

过去一个时期，我们更多从需求侧想办法、出政策，实行比较大力度扩大内需特别是扩大投资需求政策，拉动经济增长，这在当时传统产能市场需求还有空缺的情况下是有效的。但随着我国经济转向高质量发展阶段，传统产能接近或达到上限规模，消费结构加快升级并向高端化、多样化、服务化主导的消费结构转换，原有的供给结构越来越不适应需求结构的变化，再简单沿用主要靠扩大投资的办法来化解供需矛盾，不仅投资效率持续下降，债务杠杆继续攀升，而且还会加剧金融风险的累积，也难以从根本上扭转经济短暂回升后继续下行的态势。推进供给侧结构性改革，是党中央针对我国经济发展阶段性特征变化作出的重大决策。我们要紧紧

抓住结构调整的窗口期，扎扎实实推进供给侧结构性改革，推动经济结构不断优化、经济发展方式不断转变、经济增长动力加快转换。

（二）推进供给侧结构性改革是解决我国经济运行突出矛盾和问题的根本举措

我国经济运行存在突出矛盾和问题，如产能过剩和需求结构升级矛盾突出、经济增长内生动力不足、金融风险有所积聚、部分地区困难增多等，根源是重大结构性失衡，主要表现为实体经济结构性供需失衡、金融和实体经济失衡、房地产和实体经济失衡。这些重大结构性失衡，虽然有阶段性、政策性因素，但根本上是体制性、机制性问题。因此，宏观调控必须在适度扩大总需求、做好需求管理的同时，坚持以供给侧结构性改革为主线，更多从供给侧、结构性改革上找出路、想办法、出政策。在总结经验的基础上，要根据新情况、新问题，完善供给侧结构性改革的政策措施，深入推进“三去一降一补”，在“巩固、增强、提升、畅通”八个字上下功夫，把供给侧结构性改革不断推向深入，促进经济平稳健康发展。

（三）推进供给侧结构性改革是调整经济结构和转变经济发展方式的治本良方

中国经济转向高质量发展阶段，从表象上看是增速换挡，但本质上是结构调整和发展方式转换。经济增速换挡，是周期性因素和结构性因素共同作用的结果，但深层次原因是结构性问题，主要是供需结构错配，供给结构调整跟不上需求结构变化：无效供给过多，有效供给不足；低端供给过多，中高端供给不足。矛盾的主要方面在供给侧，主要表现为供给结构调整受到体制机制制约，过剩产能难以有效出清，需求结构变化形成的高端化、多样化、个性化需求难以得到满足。只有坚定不移推进供给侧结构性改革，用改革的办法矫正供需结构错配，使价格机制真正引导资源配置，减少无效供给，扩大有效供给，才能从根本上提升整个供给体系质量，提高供给结构对需求结构的适应性，实现供求关系新的动态均衡，不断推进经济结构调整和经济发展方式转变。

二、供给侧结构性改革取得阶段性成效

过去几年，供给侧结构性改革以推进“三去一降一补”为重点逐步展开，取得积极进展和阶段性成效。

（一）产能过剩问题得到有效缓解

从去产能看，钢铁和煤炭供大于求、产能过剩问题得到有效缓解，供求关系发生明显变化，推动工业品价格回暖，企业盈利能力增强，资产负债表改善。2016年，退出钢铁产能超过6500万吨，退出煤炭产能2.9亿吨；2017年，压减钢铁产能5000万吨左右，压减煤炭产能1.5亿吨以上，淘汰、停建、缓建煤电产能5000万千瓦以上，超额完成年度目标任务；2018年，压减钢铁产能3000万吨左右，退出煤炭产能1.5亿吨左右，淘汰关停不达标的30万千瓦以下煤电机组，去产能目标如期实现。2018年，全国工业产能利用率达到76.5%，保持近年来较高水平。其中，煤炭开采和洗选业产能利用率为70.6%，比2017年提高2.4个百分点；黑色金属冶炼和压延加工业产能利用率为78.0%，比2017年提高2.2个百分点。去产能发挥积极作用，国内大宗商品价格出现明显回升，生产价格指数（PPI）同比增幅由负转正，企业利润明显好转。2018年规模以上工业企业主营业务收入利润率为6.5%，比2017年提高0.11个百分点。

（二）房地产库存大幅下降

从去库存看，商品房待售面积明显降低，一线、二线城市库存大幅下降，三线、四线城市库存扩张放缓。2015年末，商品房待售面积达7.2亿平方米，2016年2月进一步上升到7.4亿平方米，达到历史峰值，尤其是三线、四线城市库存压力较大。针对房地产库存高企的现象，通过住房金融、棚改货币化、户籍制度改革等政策，多措并举，推动房地产库存持续下降。2018年底，商品房待售面积降至5.2亿平方米，其中商品住宅待售面积降至2.5亿平方米，较2015年末减少2亿平方米，商业营业用房降至1.4亿

平方米以下，较2017年初峰值减少0.23亿平方米。

（三）宏观杠杆率逐步趋稳

从去杠杆看，宏观杠杆率逐步趋稳，企业部门杠杆率有所下降，地方政府隐性债务扩张态势得到遏制。2008年国际金融危机后，我国杠杆率呈现快速增长的势头。根据国际清算银行测算，我国宏观杠杆率从2009年底的138.1%升高至2015年底的231.1%，年均提高13.3个百分点，积累了大量的风险隐患。经过积极稳妥去杠杆，宏观杠杆率快速增长的势头初步得到遏制，杠杆率年均增速降至个位数。国际清算银行数据显示，2018年底我国宏观杠杆率稳定在250%左右。从债务结构看，企业部门去杠杆成效较为明显，杠杆率水平有所下降，近年来增长较快的居民部门杠杆率增速也有所放缓。

（四）企业生产经营成本有所降低

从降成本看，陆续出台减税降费和降低电价、物流成本等措施，特别是推进放管服改革，进一步降低了市场主体的制度性交易成本，企业生产经营成本有所降低。2015年工业企业每百元主营业务收入中的成本一度超过86元，造成企业盈利水平下降。近年来，中央和地方政府推出一系列降成本的举措，全面推行“营改增”，实施更大规模减税降费以及小微企业税收优惠政策，降低“五险一金”缴费比例，下调用电价格，降低用能、物流、电信等成本，多措并举推动企业降低成本。2018年底，工业企业每百元主营业务收入中的成本为83.9元，较2015年底下降1.8元，主营业务收入利润率则提高至6.5%，处于历史较高水平。

（五）突出重点补短板取得积极进展

从补短板看，各级政府对农业农村、水利、脱贫攻坚、生态环保等投入都明显加大。关键领域和薄弱环节补短板工作力度加大，脱贫攻坚、污染防治、基础设施建设、新动能培育等短板方面投资增长。例如，2016—2018年的三年间，生态保护和环境治理业固定资产投资年均增长35.3%，农业固定资产投资年均增长20.5%，显著高于整体投资增速。从实施效果看，全国农村贫困人口持续减少，2016—2018年分别减少1240万人、1289万人和1368万人，2018年贫困发生率降至1.7%。生态环境逐步好转，空气质量优良天数比率、地表水达标率均有所提高。实施棚户区改造工程，改善大量住房困难群众的居住条件。创新发展持续发力，新动能继续较快增长。

在深入推进“三去一降一补”的基础上，供给侧结构性改革不断拓展新领域。一是针对粮食产量持续增长，库存压力不断增大，绿色优质农产品供给不足，农民增收难度增大等矛盾和问题，推进农业供给侧结构性改革，把增加绿色优质农产品供给放在突出位置，积极稳妥推进粮食等重要农产品价格形成机制和收储制度改革，深化玉米收储制度改革，完善稻谷、小麦最低收购价政策。二是针对生产要素成本快速上升和国内外市场需求变化，传统产业盈利水平下降和资金“脱实向虚”现象，大力振兴实体经济，推动实体经济适应市场需求变化，加快产品更新换代，提高产品质量和工艺水平，增强创新能力和核心竞争力，做实做优做强实体经济。三是针对金融资源过度向房地产集中和房地产泡沫等问题，把促进房地产市场平稳健康发展作为重要任务，加快研究建立符合国情、适应市场规律的基础性制度和长效机制，限制信贷资金流向投资投机性购房，促进房地产市场平稳健康发展。

实践证明，供给侧结构性改革是完全正确的，对调整经济结构、实现供需动态平衡发挥了积极作用。从2015年以来全要素生产率止跌回稳的态势看，供给侧结构性改革对改善资源配置效率、提高经济发展质量也发挥了重要作用。

第二节　在实践中不断深化和拓展供给侧结构性改革

2018年下半年以来，我国经济运行“稳中有变”。“变”主要表现在：外部环境发生明显变化，特别是美国单方面挑起经贸摩擦，对我国企业生产经营和市场预期造成多方面的不利影响；国内结构调整和去杠杆的阵痛效应显现，基础设施投资大幅回落，消费增速降至两位数以下，内需增长放缓，民营企业和小微企业困难增多。面对国内外经济形势的复杂变化，强化需求侧刺激，短期可能起作用，但难以解决深层次的结构性问题，一段时间后，产能过剩、库存高企、杠杆率攀升等问题有可能再现，过去几年供给侧结构性改革取得的成果可能会得而复失。因此，不能因为经济下行压力加大，就放弃供给侧结构性改革，必须抓住主要矛盾，在稳定总需求的情况下，坚持以供给侧结构性改革为主线不动摇。

一、供给侧结构性改革面临的新形势

2016年以来，供给侧结构性改革重点推进“三去一降一补”五大任务，取得积极成效。与此同时，随着国内外环境的深刻复杂变化，加之受到体制机制的制约，供给侧结构性改革也面临新形势、新挑战。

在去产能方面，煤炭、钢铁淘汰了一大批落后产能，但部分落后产能没有出清，特别是“僵尸企业”出清仍面临债务处置、人员安置等约束，如何按照市场化、法治化原则，建立过剩产能的有效出清机制，盘活沉淀的土地、厂房、设备等各种资源，并防止已经退出的过剩产能死灰复燃，仍面临挑战。

在去库存方面，过去一个时期降低按揭贷款利率和推进棚改货币化安置，化解了部分房地产库存，但同时提升了居民部门的杠杆率，对消费增长形成了“挤出效应”。不同地区出现分化，一线和二线热点城市供求偏紧，加之土地供给有限，推动一线城市和部分热点二线城市商品住宅价格过快上涨，而三线和四线城市库存仍然高企，去库存仍需持续推进。

在去杠杆方面，短期内集中出台各项举措形成的政策叠加效应，一度对金融市场形成较大冲击。去杠杆需要分阶段有序推进，实行结构性去杠杆策略，把降低企业和居民部门杠杆率作为重中之重，按照市场化、法治化原则，加快推进企业资产重组和债务处置，提高不良资产处置效率；抑制金融机构过多发放房贷，用好首付比、利率等政策工具，推动居民部门稳杠杆。

在降成本方面，采取减税降费等措施，降低了企业生产运营成本，但制度性交易成本高企的问题仍然存在，要求优化政府服务，提高办事效率，在降低显性成本后，进一步减少隐性成本。

在补短板方面，农业、水利、脱贫攻坚、基础设施、生态环保等领域投入增加，但关键核心技术“卡脖子”问题凸显，成为最紧要的“短板”领域。各级政府对补“硬件”短板高度重视，但对影响制度供给的补“软件”短板重视不够，如覆盖全社会的征信体系建设、统一的政府信息平台建设以及信息共享、市场监管和服务能力建设等仍然滞后。

这些问题的背后都有着深层次的体制性因素。比如，去产能中“僵尸企业”退不出来，就是因为市场化的出清机制不健全；去库存中一线、二线城市商品住宅价格攀升，背后有城乡土地双轨制问题；过去一个时期杠杆率快速攀升的一个重要原因就是利率还没有完全市场化，致使商业银行表外业务、非标业务快速膨胀；企业成本高企，有税费的因素，但更主要的是体制性因素，包括准入限制、不公平竞争等；短板领域中关键核心技术“卡脖子”问题，就有科技成果产权激励机制不健全等因素。解决这些问题，根本出路在于推进深度市场化改革。

二、推进供给侧结构性改革要立足当前着眼长远

供给侧结构性改革要突出问题导向，从化解当前突出矛盾入手，也要

注重结果导向和目标导向，着力于防控和化解风险，重塑中长期经济增长动力。

（一）供给侧结构性改革要从化解当前突出矛盾入手

过去一个时期，供给侧结构性改革具有明确的问题导向。比如，针对产能过剩问题，主要是部分行业出现周期性过剩和绝对性过剩相互叠加的现象，产品供给远大于需求，一度使得工业品价格持续回落，企业利润大幅下降，要大力推进去产能，逐步化解工业领域的过剩产能，推动企业优胜劣汰，促进工业品价格合理回归，扭转企业整体利润下滑的局面。又如，针对商品住宅库存规模偏大，特别是在三线、四线城市和部分二线城市较为突出的问题，要积极推进去库存，减少资金无效占用，降低债务违约风险，保持房地产市场健康稳定发展，更好地发挥房地产业体量大、关联度高、带动力强的作用，增强对经济增长的支撑力。

（二）供给侧结构性改革要着力防控和化解风险

当前，我国企业的债务水平相对较高，特别是重化工和房地产领域企业债务高企，资金紧张，违约风险上升。供给侧结构性改革，一方面通过处置“僵尸企业”和不良债务，加快资产重组，提高资产收益率，改善资产质量，避免潜在风险的积累和拖延；另一方面通过“降成本”，减轻企业负担，改善企业财务状况和提高企业偿债能力，减轻银行不良率上升的压力，引导资金更好地支持实体经济发展，增强实体企业的活力，提高国民经济整体效益。

（三）供给侧结构性改革要重塑中长期增长动力

供给侧结构性改革不仅要做好“减法”，去产能、去库存、去杠杆，还要做好“加法”，促进产业转型升级，培育新一代信息技术、新能源、生物医药、高端装备、智能制造和机器人等新兴产业，使新的增长点汇聚成强大的增长动力；做好“乘法”，推动创新驱动发展，加大研发投入力度，加强知识产权保护，完善科技成果转化的激励机制，提高技术进步对经济增长的贡献率；做好“除法”，提高单位要素投入的产出率，提升资源配置效率和全要素生产率，提高经济增长的质量和效益。

三、在实践中丰富供给侧结构性改革的内涵

2018年底召开的中央经济工作会议强调，深化供给侧结构性改革要在“巩固、增强、提升、畅通”八个字上下功夫，更多采取改革的办法，更多运用市场化、法治化手段，会议明确了深化供给侧结构性改革的方向。

“巩固”，就是要巩固“三去一降一补”成果，重点是加大处置“僵尸企业”力度，强化市场功能，加快市场出清，停止向“僵尸企业”输血，妥善处置债务、人员安置等问题，这有利于进一步降低杠杆率，提高资源配置效率。

“增强”，就是要增强微观主体活力，充分发挥市场主体作用，减少政府行政性干预。从根本上说，就是要激发企业家的主观能动性，让企业家的创新源泉充分涌流，创造活力充分迸发。

“提升”，就是要提升产业链水平，通过外部倒逼和市场竞争，推动科技创新和体制创新，建立科技成果市场化激励机制，释放科技人员创新潜力，加快解决关键核心技术“卡脖子”问题，培育产业竞争新优势。

“畅通”，就是要畅通国民经济循环。通过改革要素市场化配置和加快建设统一开放、竞争有序的现代市场体系，破除要素自由流动的障碍，疏通供给和需求、金融和实体经济的传导机制，形成生产主体与国内市场、经济增长与就业扩大、金融与实体经济良性互动的局面。

这八个字，强调的是发挥市场配置资源的决定性作用，强调的是激发市场主体活力，强调的是生产要素市场化改革，强调的是营造公平竞争的环境。从根本上说，就是要进一步推进深度市场化，大幅减少政府对资源的直接配置，凡是市场能自主调节的就让市场去调节，凡是企业能干的就让企业去干，让市场机制在更大范围、更深层次上发挥作用。

第三节　把深化供给侧结构性改革与建设现代化经济体系结合起来

我国经济发展转向高质量发展阶段，一个重要的趋势性变化就是要素投入的驱动力减弱，经济增长将更多依靠要素质量和效率的提升。必须着力在增强科技创新的驱动力、加大人力资本投资、推动产业提质增效升级、推进新型城镇化建设等方面下功夫，把深化供给侧结构性改革与建设现代化经济体系结合起来。

一、增强科技创新的驱动力

近年来，我国科技投入大幅增长，自主创新能力不断提升，科技进步对经济增长的驱动作用增强。推动供给侧结构性改革与建设现代化经济体系相结合，就必须加快形成创新驱动发展的体制机制，积极营造创新生态、培植创新土壤、释放创新活力，使科技创新与经济发展深度融合。

（一）推进市场导向的科技创新

创新需要市场充分竞争，需要千千万万市场主体在试错中找到方向。这就要求发挥市场在资源配置中的决定性作用，主要靠市场发现和培育新的增长点，引导资金、人才、技术等创新要素按市场导向优化配置，引导创新资源向企业集聚。完善科研院所和高校的技术成果向企业转移机制，加大对中小企业、微型企业创新的扶持力度，促使企业摆脱对资源和要素消耗较多的加工制造环节的过度依赖，更多地依靠研发、设计、标准制定、供应链管理、品牌建设和无形资产投资，满足差异化和个性化需求，推进传统制造向以研发为基础的新型制造转型。

（二）把科技创新与产业转型升级结合起来

创新是科技成果的产业化过程，必须落实到创造新的经济增长点上。

依靠科技创新，掌握核心技术，培育发展新一代信息技术、生物医药、高端装备制造、新能源等新兴产业，推动高新技术产业由组装为主向自主研发制造为主转变。加快传统重化工业现代化改造，增加高附加值环节的比重。推动劳动密集型产业向劳动、知识、技能密集相结合的方向发展，提高产品的知识、技术和人力资本含量。

（三）调动全社会创新创业的积极性

营造有利于全社会创新创业的政策制度环境，采取更有效的措施，加快政府职能转变，促进市场公平竞争，完善激励创新机制。落实和完善企业研发费用加计扣除、高新技术企业扶持等普惠性政策，鼓励企业增加创新投入。探索科技成果产权激励制度改革，扩大股权和分红激励政策实施范围，完善科技成果转化、职务发明法律制度，使创新人才分享成果收益。

（四）加快形成创新驱动发展的体制机制

营造公平竞争的市场环境，矫正生产要素和资源性产品价格扭曲，激发企业创新发展动力。更加注重知识产权保护，深入实施知识产权战略行动计划，依法打击侵权行为，切实保护发明创造。以增量带动存量改革，在物联网、大数据、云计算、新能源汽车等新兴领域组建一批新型研发机构，取得一批原创性科研成果，推动体制内科研院所深化改革。

二、加大人力资本投资

适应我国劳动力供求关系变化，加大人力资本投资，加强劳动力技能培训和中高等教育体系建设，释放人口质量红利，是推动高质量发展、建设现代化经济体系的重要条件。

（一）建立现代教育体系

深化教育体制改革，创新教学内容和方式，将科学精神、创新思维、创造能力贯穿于教育全过程，积极探索创新型人才培养和成长机制。推进高等教育内涵式发展，以创新人才培养为中心，提高教育质量，加强高等学校的创新能力建设，支持高等学校参与国家创新体系建设。加快发展现代职业教育，增强职业教育的实用性，培养大批专业技能人才，加强农民工职业技能培训和岗位技能培训。增强基础教育的普惠性和公平性，提高义务教育水平，加快普及学前教育和高中阶段教育，提升基础教育质量，缩小城乡教育差距。

（二）改革人才流动体制

完善人才评价、流动和配置机制，分类推进人才评价机制和职称制度改革。把发现、培养和用好人才放在优先位置，使各类人才的创新智慧和潜能竞相迸发。完善人员岗位管理制度，破除人才流动的体制性障碍，促进科研人员在事业单位和企业之间合理流动。健全人才向基层流动、向艰苦岗位流动、在一线创业的激励机制。在充分用好国内人才资源的同时，积极引进国外高质量人才和智力资源。

（三）激发人力资本潜能

重构企业家精神的激励机制，尊重和保护企业家个人财产权利，稳定企业家预期和信心。加快推进农民工特别是第二代农民工市民化，让进城农民工变成无差别的城市人，激发其投入经济建设和创业的激情。

三、推动产业提质增效升级

深化供给侧结构性改革，推动高质量发展，根本在于振兴实体经济，核心是推动产业提质增效升级，提升产业价值链和产品附加值。

（一）加快培育新的经济增长点

适应国际产业竞争格局的新变化，加快培育工业机器人、信息网络、集成电路、新能源、新材料、生物医药等新兴产业，推动智能制造、分布式能源等新型业态，以及网购、平台经济、互联网金融等新兴服务业态发展，促使企业向研发、设计、标准制定、品牌建设和供应链管理等环节拓展。充分利用信息技术革命的最新成果，加快产业数字化、智能化改造，建设全球领先的产业技术体系。

（二）加快传统产业转型升级

进一步推进制造业与互联网深度融合，加快技术创新步伐，增强企业的价值创造力和市场竞争力。加快传统重化工业技术进步、管理创新、产业重组和优化布局，鼓励重化工业发展跨国经营。加快提高劳动者素质，推进传统劳动密集型产业和加工贸易转型升级。

（三）加快发展生产性服务业

生产性服务业已经成为提高制造业附加值和服务业生产效率的关键环节，要重点鼓励发展金融保险、商务服务、科技服务、信息服务和文化创意等生产性服务业，加快发展研发、设计、标准制定、物流配送、构建营销网络、品牌建设、供应链管理等生产性服务环节，提升制造业价值链和产品附加值。积极扩大服务业对外开放，推动生产性服务业提高效率。

（四）推动企业市场化兼并重组

制定企业破产法实施细则并付诸实施，停止财政资金、银行资金向“僵尸企业”输血，把沉淀闲置的资源解放出来。针对企业退出的各种制度性障碍，完善职工安置、债务处置、资产重组、企业改制等具体政策措施。加大“僵尸企业”出清力度，积极探索市场化产能出清的新机制。

四、推进新型城镇化建设

推进新型城镇化建设，积极发展城市群和大都市圈，优化中小城市和小城镇功能，增强基础设施网络支撑功能，提高资源的空间配置效率。

（一）积极发展城市群和大都市圈

进一步优化发展长三角、京津冀和珠三角三大城市群，促进形成以上海、北京、广州、深圳等一批国际大都市为核心的开放型国际化城市体系，积极培育长江中游、成渝地区、中原地区、关中地区、北部湾等一批基础条件较好、发展潜力较大的新兴城市群，建设连接主要中心城市的综合立体快速通道，提高要素流动效率。增强这些城市群吸纳农业转移人口的能力，使越来越多有能力和符合条件的农业转移人口就地落户并实现市民化，在转变生活方式中释放消费潜能。

（二）优化中小城市和小城镇功能

强化中小城市和小城镇产业发展、吸纳就业和人口集聚功能，提高对农业转移人口的吸引力。加大中小城市和小城镇基础设施建设投入，完善教育、医疗、养老、文化、旅游等设施，建设各具特色的美丽宜居城镇，吸引外来人口居住，带动新兴服务业发展。

（三）增强高速交通网络支撑功能

加快完善国家高速铁路网，建设安全经济、高效通达的快速运输系统，以快速铁路、高速公路为骨干，以综合交通枢纽为支点，实现城市群内部和城市群之间的快速高效连接。加强物流基础设施网络建设，打造便捷可靠、优质专业的货运运输系统，优化枢纽集疏运功能，提高货物换装的便捷性、兼容性，促进各种运输方式的顺畅衔接和高效中转，提升物流效率，降低区域间的物流成本。

第四章

强化创新对建设现代化经济体系的战略支撑作用

创新是引领发展的第一动力，是建设现代化经济体系的战略支撑。建设现代化经济体系，要适应新一轮科技革命和产业变革新趋势，把创新摆在核心位置，强化科技创新的战略支撑作用，着力提升基础研究水平，突破一批关键核心技术，培育造就一大批创新型领军企业，加快建设创新型国家[①]。

---

① 创新型国家是以创新为经济社会发展核心驱动力的国家。目前国际上公认的创新型国家有美国、日本、德国、芬兰、韩国等，其共同特征是创新综合指数明显高于其他国家，科技贡献率在70%以上，研发投入占GDP的比重高于2%，对外技术依存度一般低于30%，所获得的三方专利（美国、欧洲和日本授权的专利）数位居全球前列。

第一节　新一轮科技革命和产业变革的新趋势

以人工智能、大数据、物联网、云计算等为核心的新一轮科技革命和产业变革正在从导入期转向拓展期，对经济社会发展和产业链、供应链、价值链的影响前所未有。

一、新一轮科技革命和产业变革从导入期转向拓展期

新一轮科技革命和产业变革，呈现以信息网络和人工智能为主体，先进制造、清洁能源、生物科技、空天海洋等领域协同推进的"一主多翼"的发展态势，颠覆性技术不断涌现，催生一批新产业、新业态、新模式，对传统的生产方式和生活方式产生前所未有的深刻影响。

（一）信息网络技术向智能化方向发展

信息网络技术各细分领域纵向升级与交叉融合，呈现网络互联的移动化、泛在化和信息处理的高速化、智能化，促进创新链、产业链的代际跃升，以及信息服务的智能化、个性化发展。移动互联技术向物联网快速拓展，计算技术向高性能、量子计算发展，大数据技术促使人类活动全面数据化。物联网、云计算、大数据等新技术，构建"人—网—物"互联体系和泛在智能信息网络，推动人工智能向自主学习、人机协同增强智能和基于网络的群体智能等方向发展，带来众多产业领域的深刻变革和创新。

（二）制造技术向网络化智能化绿色化方向发展

信息网络技术与制造业深度融合，先进传感技术、数字化设计制造、机器人与智能控制系统等日趋广泛应用，促进以人机协作为特征的新一代机器人的能力不断增强。人机共融的智能制造模式大大提升了制造系统的柔性和敏捷性，推动工业生产向分布式、定制化制造模式转变。广泛采用节能减排技术、清洁生产工艺和智能化控制，建立工业生态链，引领制造方式的绿色转型。

（三）能源技术向绿色低碳和智能化方向转型

信息网络技术与能源技术融合，推动化石能源清洁化、清洁能源规模化和能源服务智能化。节能技术不断取得突破，促进能源结构从高碳向低碳转变，能源生产与消费方式从资源消耗型向生态适应型转变。太阳能、风能、生物质能、地热能、水能、海洋能等可再生能源开发、存储和传输技术的进步，深刻改变了现有能源结构。氢能、天然气水合物和核聚变能等新一代能源技术的发展，为满足能源需求开辟了新途径。

（四）生物技术向精准医疗和再生医学方向发展

新型基因技术不断涌现，合成生物学快速发展，基因编辑技术日新月异，为医疗健康技术发展带来新动力。以基因组为核心的集成研发、以生物标志物验证为关键的临床技术研究、以基因数据库为中心的基础设施建设的进展，以及精准医学、干细胞与再生医学、分子靶向治疗、移动健康监测等的快速演进推广，使得医学模块加快从临床医学向健康医学扩展，催生生物医药和生物技术产业迅速兴起，呈现出巨大的发展潜力。

（五）空天海洋技术向纵深方向发展

国际空间技术聚焦空间信息应用和空间探索能力提升，致力于建立体系融合、高性能、低成本、广覆盖的空间信息与服务系统，推进大推力火箭、可重复使用运载器和新型推进技术的发展和商业化应用，力求在高效率天地往返运输系统、近地空间站应用、月球与火星探测等领域取得突破。海洋科技由浅海向深海、由区域向全球拓展，围绕深海开发、全球变化等领域展开布局，并向“星—空—海”“海面—海中—海底”空间海洋立体观测网拓展，载人深潜器、海底资源探测和开发、海洋生物技术和海洋生态工程等，正在催生新型海洋经济。

综上所述，新一轮科技革命和产业变革正在进入多点突破、群体迸发的新阶段，各国在前沿科技领域的竞争加剧，科技成为重塑全球创新和产业版图的主导因素，成为影响国家力量对比的重要力量。

二、新一轮科技革命和产业变革对经济社会发展的影响

新一轮科技革命和产业变革将深刻影响人类社会的生产和生活方式，重塑世界经济和国际竞争格局。

（一）传统生产要素和新生产要素的相对地位显著变化

生产过程的数字化、网络化、智能化，使劳动力、土地等传统生产要素的地位相对下降，科技创新和人力资本成为产业竞争的重要因素。移动互联网、物联网、大数据等新技术迅猛发展，将推动智能制造、大规模个性化定制、互联网金融、慕客、网上研发平台等新产业、新业态、新模式广泛兴起。产业结构高端化的内涵发生明显变化，传统的三次产业分类越来越难以衡量产业发展水平。产业结构现代化将更多体现为信息数据要素投入促使边际效率和全要素生产率提升。数据规模、数据基础设施、数据加工能力、数据治理体系将成为大国竞争的“新边疆”。

（二）就业结构和社会结构深刻变化

与以往工业革命主要替代体力劳动不同，以智能化为主要特征的新一轮工业革命，对简单脑力劳动和程序化工作的替代加快，人与智能机器人将形成替代关系。远程教育、远程医疗、智能交通、分布式能源等新兴服务业态的兴起，使人们的学习、工作和生活更加便捷。与此同时，从事简单脑力劳动和程序化工作的群体收入增长放慢，财富向少数人集中的态势加剧，收入差距继续扩大，社会结构将日益由“橄榄型”转向“哑铃型”，成为影响社会稳定的重要因素。

（三）全球产业竞争格局加快重塑

数字化、网络化、智能化技术的广泛应用，将弱化发展中国家的低成本竞争优势，发达国家凭借智能制造优势弥补劳动力成本劣势，加之拥有对产业价值链高端环节的控制力，原有的竞争优势地位得以巩固和强化。新一轮产业变革中涌现出大量平台型企业，依托自身技术和商业模式创

新，拥有广泛连接的生产、供需和市场资源的网络优势，对传统商业模式带来颠覆性冲击和重构性影响。全球产业链、价值链、供应链布局由成本主导转向成本、市场和技术等因素并重，将重构全球产业竞争格局。

第二节　我国科技创新取得的进展和面临的挑战

近年来，我国实施创新驱动发展战略，科技创新取得重大进展，在全球创新版图中的位势迅速提升，但同时也面临诸多挑战。

一、我国科技创新取得重大进展

经过改革开放40多年的发展，我国的科技创新正从跟跑为主转向跟跑和并跑、领跑并存的新阶段，处于从量的积累向质的飞跃、从点的突破向系统能力提升的重要时期，我国已成为具有重要影响力的科技大国。

（一）主要创新指标进入世界前列

我国已成为全球第二大研发经费投入大国和第二大知识产权大国。2018年，全社会研发经费支出达到1.97万亿元，占GDP的比重为2.18%（见图4-1），居发展中国家首位，超过欧盟15国2.1%的平均水平；国际科技论文总量居世界第二，国际科技论文被引量超过德国、英国，跃居世界第

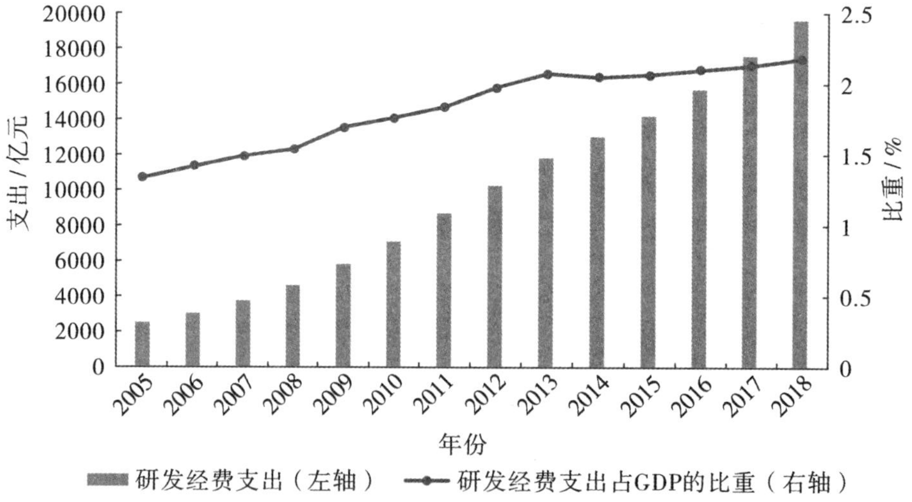

图4-1　我国历年研发经费支出和占GDP的比重

数据来源：国家统计局。

二位。研发人员总量居世界第一，发明专利申请量和授权量居世界首位。企业创新主体地位显著增强，企业在全社会研发投入、研究人员和发明专利的占比均超过70%。我国与创新型国家的差距缩小，根据世界知识产权组织发布的《2018年全球创新指数报告》，中国创新排名升至第17位，比2013年提升了18位，成为前20名中唯一的中等收入经济体。

（二）基础前沿和战略高技术领域取得重大突破

我国在载人航天和探月工程、载人深潜、深地钻探、超级计算、量子反常霍尔效应、量子通信、中微子振荡、诱导多功能干细胞等领域取得一大批重大成果，“嫦娥四号”探测器首次成功登陆月球背面、“北斗三号”基本系统完成建设，高速铁路、特高压输变电、对地观测卫星、电动汽车、大飞机等重大装备和战略产品取得重大进展，部分产品和技术开始走向世界，并首次荣获诺贝尔生理学或医学奖、国际超导大会马蒂亚斯奖、国际量子通信奖等国际权威奖项。战略高技术领域的重大突破，将为产业转型升级提供技术支撑。

（三）全社会创新生态不断优化

以科技创新引领大众创业、万众创新。规模以上工业企业中近40%的企业开展了技术创新活动，研发项目中以开发全新产品或者提高产品质量为目标的项目超过80%，创新能力已成为各类企业发展壮大的核心竞争力。龙头企业、中小微企业、科研院所、高校、创客等多方协同，打造专业化众创空间和创新平台。2018年底，经国家备案的众创空间达1952家，各类科技孵化器、加速器逾4800家，形成从产品创意到产品生产全服务的生态体系，为各类创新主体提供创新合作的平台。

（四）科技创新体制机制持续改善

科技创新的政策体系进一步健全，市场导向的技术创新机制逐步完善，政策工具从以财税支持为主逐步转向更多依靠体制机制创新、普惠性政策和发挥市场机制的作用。企业技术创新主体地位不断增强，在智能终端、无人机、电子商务、云计算、互联网金融、人工智能等领域，一批具有全球影响力的创新型企业正在崛起。2018年我国“独角兽”企业数量仅次于美国，居全球第二；在全球研发经费投入高的2500家企业中，我国有438家，居全球第三。

总体来看，我国正处在迈进创新型国家的决胜期，已具备发力加速的基础，战略重点从点的突破转向整体能力的提升，创新主体从科技人员为主转向社会参与，创新方式从相对封闭走向更加开放。

二、面临的主要问题和挑战

尽管我国科技创新发展取得重大进展，但与进入创新型国家行列和建设世界科技强国的要求相比，还存在一些薄弱环节和深层次问题。

（一）原始创新能力仍然不足

从我国创新投入现状来看，研发投入结构具有基础研究和应用基础研究比重低、试验发展比重高的特点，如2018年我国三大研发活动的比重分别为5.5%、11.1%和83.3%[①]，2017年美国三大研发活动的比重约为17.0%、20.3%、62.5%。科研成果评价重数量、轻质量，重短期利益、轻长期效果，整体质量不高，尚不具备引领国际前沿技术发展的能力。随着我国进入跟跑和并跑、领跑并存的新阶段，迫切需要加大基础研究等创新链前端环节的投入，构筑创新先发优势。

（二）关键核心技术受制于人

由于基础研究和应用基础研究投入明显不足，支撑产业升级、引领前沿突破的源头技术储备缺乏，关键核心技术供给难以满足产业升级的要求，一些产业领域关键核心技术，特别是芯片、航空发动机、机器人核心部件、储能技术、高端医疗设备、生物制药等受制于人的局面尚未根本改变。我国芯片严重依赖进口，其中高端芯片进口率超过90%。原始创新能力不强，特别是缺乏重大突破性、颠覆性技术创新，不少关键核心技术仍

---

① 国家统计局：《2018年全国科技经费投入统计公报》。

受制于发达国家。

（三）创新体系整体效能不高

尽管近年来科技研发投入增长较快，但创新绩效依然较低，产出效率不高。先后部署了一批重大项目和重点任务，但重大突破不如预期。从反映专利质量水平的三方专利来看，我国与发达国家的差距还比较大。根据经济合作与发展组织的统计，2016年中国的三方专利（指在美国、欧洲、日本三方专利局中任何两方以上都申请的专利，三方专利比单一专利更能反映专利的质量）数量仅占全球的6.9%，日本占31.0%、美国占25.4%、欧盟占24.4%，而同期日本、欧盟的研究与开发（R&D）支出仅相当于中国的36.5%和88.6%，美国也仅为中国的114.4%。产学研脱节现象仍未扭转，大学、科研院所不仅未能与企业形成有效互补，而且在某种程度上成为竞争者。创新人才难以在产学研之间自由流动也是阻碍产学研有效合作的重要因素。

（四）科技成果产业化能力差距较大

目前我国财政资金支持的科技成果转移转化率不到10%，而发达国家通常为40%～50%。尽管近些年出台了一系列鼓励科技成果转化的法律法规，但一些关键政策落实效果还不尽如人意，制约了成果转化率的进一步提升。在兰德公司《2020年的全球技术革命》报告中，中国重大技术研发与产业化能力得53分，在参与排名的16个国家中居第8位，与第一梯队的美国、德国（约为100分）和第二梯队的日本、韩国（约为80分）等国家相比差距较大。目前，我国不少高校、科研院所虽然建立了技术转移机构，但大多属于行政管理机构，人员少且专业性不强，社会化、专业化的第三方技术转移机构发展滞后。

（五）企业技术创新动力不足

近年来，我国企业的创新主体地位不断提升，但总体上创新水平不高，存在创新动力不足、能力不强的问题。由于开展创新活动的成本高而收益低，创新型企业得不到有效的市场激励，加剧了创新动力不足的问题。企业研发活动规模偏小和投入强度偏低。我国经济总量已多年居世界第二，发明专利申请量连续多年居世界第一，但世界公认的全球领先创新型企业数量有限。在汤姆森路透集团公布的“全球创新企业百强”榜单上，大多是美国、欧洲、日本企业，2018—2019年“全球创新企业百强”榜单中我国仅华为、比亚迪和小米三家企业入围，而美国和日本企业的比重超过了70%。企业尤其是中央国有企业在获取国家科技计划项目、土地供给、资金等各种要素资源方面占据明显优势，但受国企保值增值考核、工资总额限制等体制机制束缚，创新动力不足。民营企业自身机制灵活，但在平等获取创新资源、市场准入等方面受限较多，创新活力难以被有效激发。

（六）激励人才的体制机制不健全

人才激励不足、结构失衡是制约创新驱动发展的突出因素。各种人才计划层次多、交叉重复，政策措施落实力度需要进一步加大。对科研人员和高技能人才激励措施不到位。对科研人员创造的价值体现不足，创新难以获得相应回报，抑制了科研人员的积极性。重人才引进数量，轻人才环境建设，与国际接轨的科研氛围、可持续的科研设施保障，以及一些大城市难以回避的户籍、住房、子女教育、医疗等公共服务仍不乐观。科技领军人才、创新型企业家等高端人才不多。尽管我国科技人员总量居世界前列，但高端领军人才和高技能人才匮乏，创新型企业家也非常有限。在科睿唯安（Clarivate Analytics）发布的2018年度“高被引科学家”名单上，中国内地入榜人数较2017年大幅提高，达482人次，但仍不到美国的1/5。

（七）深层次体制机制问题仍然突出

政府对科技创新和新兴产业发展的管理仍存在“越位”“缺位”和“错位”问题，该放的没放活，该管的没管住。现行管理手段比较单一，管理方式创新不足，不适应新技术、新业态、新模式迅速发展的需要。创新政策体系着重于技术供给，供给侧政策较多，需求侧激励政策较少，对创新技术和产品的市场培育不足。在市场准入方面，重审批、轻监管，监管能力未能及时提升，政府常常以控制企业规模和数量设置准入门槛，导致后来者无法参与竞争。在维护公平竞争方面，存在知识产权保护不力、执法不严、垄断规制不到位等问题。

第三节　加大创新驱动发展战略实施力度

建设现代化经济体系，对加大实施创新驱动发展战略力度，加强创新能力建设，进一步激发各类人才创新活力，提升国家创新能力提出新的更高要求。

一、增强原始创新能力

随着我国科技水平不断提升，利用后发优势的空间日益缩小。只有加强前瞻性基础研究，提升原始创新能力，才能真正掌握竞争和发展的主动权。要进一步加大基础研究和共性技术研究投入，增加源头技术供给。提高研发经费投向基础研究和应用基础研究的比例，以基础研究的突破带动引领性原创成果、战略性技术产品的重大突破，在更多领域跻身世界领先行列。改进科学研究项目的决策机制，实行“自上而下”与“自下而上”相结合，实行自由探索和需求导向相结合。优化科学研究支出结构，增加面向需求的基础研究支出，强化基础研究对创新的支撑作用。改进科学研究的评价机制，实行分类评价和分类管理，对自由探索的研究项目以同行评议为主，对满足国家战略需求的研究项目以目标评价为主。

二、加强关键核心技术攻关

探索社会主义市场经济条件下关键核心技术攻关新型举国体制，把集中力量办大事的制度优势、超大规模的市场优势同发挥市场在资源配置中的决定性作用结合起来。进一步优化国家科研基地和平台布局，抓紧布局国家实验室，重组国家重点实验室体系，加快建设跨学科、大协作、高强度的协同创新基础平台，强化国家战略科技力量。在重要领域适度超前布局建设国家重大科技基础设施，形成建设运行多元投入机制，提升公共科技创新资源的配置效率和加大开放共享力度。全面深化科研院所分类改革，鼓励社会化新型研发机构发展，促进形成多元竞争、包容共进的研发格局。

三、提高创新体系整体效能

调整自上而下政府主导创新的组织形式，强化创新过程中的市场需求导向和企业的主体作用，推动市场、企业、政府在创新过程中良性互动，形成有效的创新激励机制，激发创新主体的创新动力，提升创新的供给质量。营造公平竞争的市场环境，发挥市场机制在创新资源配置中的导向作用。进一步完善政府采购、首台（套）等政策，提高政府采购中小微企业产品和服务的比例。加快全国性政府采购市场建设，防止利用公共采购实现地方保护。对一些具有较大社会效益的创新产品，实施反映外部成本效益的财税政策，促进外部效益内部化。

四、理顺产学研的功能定位

完善以企业为主体、市场为导向，产学研深度融合的技术创新体系，提高协同创新效率。大学主要从事基础研究，政府科研机构主要从事共性技术和应用集成研究，为企业创新提供有力支撑。建立大学、科研机构和企业之间的合作与技术转移机制。完善公共科研机构管理、财政支持的科技成果转移、知识产权等制度。建立健全专业化的科技成果转移转化服务体系，探索非营利机构等新型组织形式的技术转移机构模式。加强技术市场建设，改进科技成果转移转化模式，提高科技成果的落地率和转化率，加速科技成果转化为现实生产力。

五、强化企业技术创新主体地位

依托企业建设国家技术创新中心，开展关键核心技术、前沿引领技术、现代工程技术和颠覆性技术创新活动。在智能机器人、云计算、大数据、储能技术、电动汽车、生物育种等领域，以新体制和新模式组建一批新型研发机构，集中一批多领域、跨学科的科学家和技术专家，组建高度集成、协同创新的研究团队，努力取得一批原创性的科研成果。推进新技术、新业态、新模式跨界融合，实现产业技术群体性突破。完善支持创新的普惠政策，加强对中小企业的创新支持，保障中小企业在土地征用、人才引进、信息获取、融资渠道、公共资源以及各类政务服务等方面拥有公平机会。

六、建立科技成果市场化激励机制

加快科技成果的产权激励等体制机制创新，扩大股权和分红激励政策实施范围，完善科技成果转化、职务发明法律制度，使创新人才分享成果收益。探索职务科技成果初始权益分配改革，在科研项目立项之初或立项之前，由科研团队与单位之间以及科研团队内部之间签订协议，明确研发团队和所在单位、科研团队内部的知识产权处置办法和科技成果股权分配比例，在收益分配上充分体现知识和创新的价值，让科技成果与科技人员的收益直接挂钩，释放科技人员的创新潜力，提高科技供给的质量和效率，推动解决关键核心技术“卡脖子”的问题。

七、深化科技创新的体制机制改革

以市场为导向，加强技术创新，营造平等准入和公平竞争的市场环境，破除科技与经济深度融合的体制机制障碍。改革政府科技投入方式，主要通过购买服务等方式支持产学研合作和重大关键核心技术研发。对不同技术路线和各类企业实行公平竞争的激励机制，政府重点支持早期研究开发、示范项目和建设创新服务平台，由市场选择技术路线。加大知识产权保护力度，切实提高侵权成本，降低维权成本，提升知识产权对创新收益的价值。落实和完善企业研发费用加计扣除、高新技术企业扶持等普惠性政策，鼓励企业增加研发投入。整合现有多头人才引进计划，给用人单位更多话语权和自主权，积极发挥市场选人、市场评价的作用。

第五章

建设创新引领、
协同发展的产业体系

产业体系是现代化经济体系的基础和核心。建设现代化经济体系，要把着力点放在发展实体经济上，把科技创新、金融创新、人力资源聚焦到振兴实体经济上来，围绕产业链部署创新链，围绕创新链完善资金链和人才链，加快建设创新引领、协同发展的产业体系。

第一节　全球产业变革新趋势和新特征

随着新一轮科技革命进入拓展期，全球产业变革加速推进，呈现诸多新趋势和新特征，产业形态、核心要素和竞争范式发生深刻变化。

一、智能制造进入加速拓展期

全球制造业在经历了机械化、自动化、信息化三次革命后，正在发生新的变革。智能制造在核心要素、基础设施、主导产业和组织形态等方面趋于成熟与拓展，正在酝酿新的重大产业变革。新一代互联网技术向生产领域的全面渗透，大幅提升了信息数据对增强企业核心能力的贡献率。在数据要素和新一代互联网基础设施的支撑下，制造业产品、生产流程管理、研发设计、企业管理乃至用户关系都出现智能化趋势，正在重新定义制造业部门，成为重塑制造业竞争力的关键因素。

二、数据成为核心生产要素

随着信息技术的突破发展、信息基础设施的不断完善，数据逐步成为产业发展的核心生产要素，促使三次产业边界日趋模糊，产业结构高度化的内涵发生明显变化。统计意义上的三次产业比例关系越来越难以度量产业体系发展水平，产业体系的现代化程度将主要表现为数据作为核心生产要素投入，对传统产业的改造程度以及新兴产业的发展程度，度量指标主要体现由数据要素投入促使边际效率劳动生产率提升。随着数据成为核心生产要素，在计算机、互联网、物联网技术的支撑下，现代产业体系正沿着数字化、网络化并最终向智能化方向发展。

三、产业形态发生深刻变化

生产组织和社会分工方式向网络化、扁平化、平台化、小微化转型，适应消费者个性化消费需求，大规模定制生产和个性化定制生产日益成为主流制造范式，企业组织边界日益模糊，基于平台的共享经济和个体创新创业获得巨大发展空间。从经济理论视角看，现代产业体系的效率源泉正在从规模经济主导转向范围经济主导。在这种背景下，国家间的制造业竞争范式由过去的大企业竞争和供应链竞争，转向基于跨产业的数据平台的价值链网络竞争。

四、劳动力结构发生深刻转型

数字技术的普及，对劳动力结构转型产生重要影响。自动化设备对劳动的替代，导致劳动力市场的两极分化，即程序化工作的需求减少，非程序化工作的需求增加。由此引发高技能和低技能（以非程序化工作为主）的就业增加，而中等技能（以程序化工作为主）的就业减少。人与机器将从以往的互补关系变成替代关系，人们将进入“与机器赛跑”的时代。

国际产业变革新态势，对我国加快推进产业转型升级提出了紧迫要求。要以全球视野和战略思维，谋划建设现代产业体系的思路，提出创新引领、协同发展的战略方向和具体路径。

第二节　加快建设现代产业体系

我国经济已经开启由“数量追赶”转向“质量追赶”的进程，正处在建设现代产业体系的关键期，建设现代产业体系要有新思路、新举措。

一、我国正处在建设现代产业体系的关键期

我国经济发展正在从量的积累转向质的提升，产业技术正从中低端迈向中高端，建设现代产业体系正处在关键期。

（一）科技创新进入活跃期

随着物联网、大数据、云计算、人工智能等技术的广泛运用，越来越多的企业主动拥抱数字经济，跃居行业领先地位，颠覆传统行业竞争格局。以高端装备制造、互联网信息、生产性服务业为代表，符合价值链升级方向的产业，以及健康、文化、娱乐等符合消费升级方向的产业，投资和产出都保持较快增长。新技术加速向各领域扩散，移动支付、电子商务、平台经济、无人零售、共享单车、新能源汽车等跻身世界前列，为产业转型升级提供了技术支撑。

（二）现代金融发展初具规模

金融是现代经济的核心，是国家重要的核心竞争力。改革开放特别是党的十八大以来，我国金融改革发展取得一系列重大成就。我国拥有全球最大的银行业、第二大股票市场、第三大信用债市场、第一大商品期货市场和第二大保险市场，就行业规模而言，我国已经成为全球举足轻重的金融大国。我国金融产品日益丰富，金融服务普惠性提高，金融改革有序推进，人民币国际化和金融双向开放取得新进展，金融监管制度不断完善，防范化解金融风险能力增强。

（三）人力资本水平大幅提升

义务教育全面普及，高中阶段教育基本普及，高等教育迅猛发展。2018年，九年义务教育巩固率达到94.2%，15岁及以上人口平均受教育年限提高到9.6年；全国各类高等教育在学总规模达到3833万人，高等教育毛入学率达到48.1%。大规模培养高素质人才，不断积累人力资本，正在成为产业转型升级的战略性条件。

（四）企业参与市场竞争能力增强

在供给侧结构性改革的推动下，企业通过兼并重组提升集中度、改善产品和服务质量等方式，盈利能力得到提升，对市场环境变化的适应性提高。越来越多的企业在国际市场上与国际一流企业同台竞争，产品和服务向国际标准和标杆看齐，形成一批有竞争力的跨国大企业和中小型“隐形冠军”企业，为产业转型升级奠定了良好的微观基础。

（五）整合国际资源能力得到提升

发挥超大规模市场优势，积极参与全球分工，我国已取代日本成为亚洲的生产组织中心。据经济合作与发展组织测算，1995年亚洲6个重要经济体，即中国、印度、韩国、马来西亚、菲律宾和泰国，它们的中间品出口主要目的地均为日本。2005年之后，包括日本在内，亚洲重要经济体中间品出口主要目的地转向中国。我国与美国、欧盟一起成为全球3个重要的生产组织中心。国内市场潜力巨大、产品门类齐全，参与全球产业分工日趋深入，又能控制产业链的节点位置，这些变化大幅提升了我国整合国际资源的能力，为产业转型升级提供了战略机遇。

二、建设现代产业体系的总体思路

今后一个时期，建设现代产业体系要适应国际产业变革新趋势，由“结构”标准向“效率”标准转变，由“技术”升级向“系统”升级转变，由“产业”思维向“体系”思维转变。

（一）由“结构”标准向“效率”标准转变

2008年国际金融危机爆发后，我国产业结构发生明显变化。2012年第三产业占比达到45.5%，第一次超过第二产业45.4%的比重；2015年第三产业占比超过50%，达到50.5%，成为占比最大的产业；2018年第三产业占比达到52.2%。应该说，一个国家进入工业化中后期后，第二产业和制造业比重下降，服务业比重提高是经济发展的一般规律，也是经济现代化的结构转换特征。但是，也要看到，产业结构高级化也出现了“脱实向虚”的现象，实体经济占经济总量的比重下降，而虚拟经济规模过度扩张，其中金融业占GDP的比重从2001年的4.7%上升到2015年的8.4%，超过美国、英国等发达国家，虽然2018年降至7.7%，但占比仍明显高于相同发展阶段的国家。与之形成鲜明对比的是，过去一段时间我国全要素生产率持续下降，即出现了产业结构升级停滞、生产效率下降的“逆库兹涅茨化”问题。随着我国产业体系日趋完备，通过资源在产业间再配置的空间越来越小，衡量产业结构高级化要由“结构”标准向“效率”标准转变。

（二）由“技术”升级向“系统”升级转变

智能制造体系既包括通用技术，如信息技术、新材料技术和生物技术等，也包括专用技术，如数字制造、人工智能、3D打印、工业机器人等，还包括将通用技术和专用技术集成为一体的大规模生产系统、柔性制造系统和可重构生产系统，以及以工业物联网为核心的现代制造系统。由于智能制造体系是紧密联系、相互作用的多层面技术的协同突破和应用，我国的产业升级部署不能仅仅停留在工业机器人、3D打印等关键技术领域的突破上，还要协同推进在传感、大数据、纳米新材料等通用技术领域实现突破，同时要加强大规模生产系统、柔性制造系统、可重构生产系统和以工业物联网为核心的现代制造系统的战略部署。我国发展智能制造的优势在于产业升级过程中对智能解决方案的巨大需求，要发挥需求牵引优势，坚持问题导向，采取有力措施构建智能化、数字化、网络化条件下的智能制造模式和产业生态体系。

（三）由“产业”思维向“体系”思维转变

过去我国产业结构调整仅仅聚焦于“产业”自身，而忽略了科技创新、现代金融、人力资源对实体产业发展的支撑和协同，表现为产业升级技术缺乏、资金缺乏、人才缺乏的问题比较突出。产业发展要从单一“产业”思维向“体系”思维转变，发挥科技、资本、人才等生产要素协同促进作用，把各种要素调动好、配置好、协同好，通过每一种生产要素质量的提高和结构的优化，形成一个适应产业变革的协同发展的产业体系，使现代产业体系建立在依靠科技进步、资本配置优化和劳动者素质提高的基础上。

第三节　提高科技创新对实体经济发展的贡献

我国科技创新与实体经济发展仍然存在联动不够、协同度不高等问题，需要通过体制机制创新，提高科技创新对实体经济发展的贡献。

一、科技创新与实体经济协同发展存在的问题

经过改革开放40多年的快速发展，我国产业规模迅速扩张，竞争力不断提升，制造业增加值自2010年起稳居世界首位，2018年，我国的制造业增加值占世界的份额为28%左右，成为驱动全球工业增长的重要引擎。在世界500多种主要工业产品当中，中国有220多种工业产品的产量位居第一。同时也要看到，伴随产业规模迅速扩张，深层次结构性问题特别是科技创新与实体经济发展不协同的问题也日益显现。

（一）实体经济“大而不强”问题突出

目前，我国已建立了比较完整的产业体系，但产业“大而不强”问题突出。多数企业还处在产业链中低端，竞争力不强，原创性、引领性技术成果缺乏。在产品质量和性能上，特别是核心零部件和高端装备的精度、稳定性、可靠性和使用寿命等与发达国家相比差距较大。企业优胜劣汰机制不健全，“僵尸企业”退出困难，“退不出”“死不了”的问题依然突出，影响了资源的优化配置。

（二）科技创新对实体经济的支撑力不足

主要产业领域关键核心技术受制于人的局面尚未根本改变。比如，我国是世界上最大的工业机器人使用国，但高端减速器、控制器、伺服电机等核心部件基本被欧洲、美国、日本企业垄断。技术有效供给能力不强，具有自主知识产权的关键核心技术不足，原创性、颠覆性、引领性科技创新成果缺乏，已成为制约我国建设现代产业体系的瓶颈。

（三）产业基础和产业链脆弱问题突出

产业基础能力有待提升，基础零部件、基层材料、基础工艺、基础软件质量可靠性和稳定性不强，制造业中的关键装备、核心零部件、关键材料、基础软件严重依赖进口，一些重大关键核心技术面临“卡脖子”问题。对全球产业竞争中的制高点掌控不足，产业链控制力不强。

（四）产品档次、标准水平和可靠性不高

产品档次和标准水平不高，高品质、个性化、高复杂性、高附加值产品的供给能力不强，质量可靠性和稳定性不足，“中国制造”缺少具有竞争力的自主品牌。在全球知名品牌咨询公司Interbrand发布的2016年度“全球最具价值100大品牌”排行榜中，中国制造业产品品牌只占有2席。

二、增强科技创新对实体经济发展的支撑力

增强科技创新对实体经济的支撑力，关键在于促进技术创新与产业发展良性互动，发挥企业的技术创新主体作用，加快数字技术在制造业的广泛应用，激发企业家精神和工匠精神，着力提升产业基础能力和产业链水平。

（一）促进技术创新与产业发展良性互动

加快建设制造强国，推动互联网、大数据、人工智能和实体经济深度融合，推动关键核心技术、前沿引领技术、现代工程技术和颠覆性技术创新，努力取得一批原创性的科研成果，促进产业技术群体性突破，推动我国产业迈向全球价值链中高端，培育若干世界级先进制造业集群。瞄准国际标杆，持续提高产品质量和价值链水平，推进新技术、新业态、新模式跨界融合，推动形成以研发为基础的制造模式，促进技术创新与产业发展良性互动。

（二）发挥企业的技术创新主体作用

企业是市场竞争的主体，也是技术创新的主体。充分发挥各类企业在技术创新中的作用，要进一步深化国有企业改革，激发国有企业的活力和

创新动力，充分释放国有企业的创新潜能。加大对中小企业创新的支持力度，保障中小企业在人才引进、信息获取、融资渠道、公共资源以及各类政务服务等方面拥有公平机会，培养更多具有世界水平的创新型企业。努力改善科技型中小企业的融资条件，完善风险投资机制，帮助科技型中小企业解决融资难问题。“独角兽”企业是我国创新能力提升和增长动力转换的重要力量，应通过支持上市等多种措施促进这些企业良性发展，并注重培育更多的“独角兽”企业。

（三）加快制造业的智能化改造

大力发展数字化制造技术、增材制造技术、人工智能和工业机器人，提高制造业智能化水平。利用数字技术改造传统产业，促进工业全产业链、全价值链的信息交叉和智能协作。扶持工业云服务平台建设和大数据示范应用，发展基于互联网的众包设计、柔性制造、个性化定制、智慧物流等新型制造模式。鼓励企业应用大数据技术提升研发制造、供应链管理、营销服务等环节的智能决策水平和经营效率，实现产业转型升级，实现更高的生产率。

（四）着力提升产业基础能力和产业链水平

发挥政府、企业和社会力量的作用，瞄准产业基础能力薄弱领域，组织力量进行协同攻关创新，加快解决基础零部件、基层材料、基础工艺、基础软件等领域的突出问题。支持上下游企业加强产业技术合作和协同配套，推动形成联合开发生产符合产业变革方向的终端产品，促进关联企业围绕产业链、供应链、价值链形成利益共同体。

（五）激发企业家精神和工匠精神

将一批具有创新精神、专注实体经济发展的企业家，与大批精益求精、不断创新工艺、改进产品质量的现代产业工人结合起来，才能制造出更多高品质、高标准、高可靠性的产品，创造出更多世界著名品牌。要以弘扬企业家精神和培育现代工匠精神为着力点，以提高产品档次、标准水平和可靠性为目标，全面加强技术创新和质量管理，提升产品附加值和竞争力。

第四节　增强现代金融服务实体经济的能力

经济发展离不开现代金融提供服务，实体经济转型升级也需要现代金融的支持才能完成。要推动金融业转型与振兴实体经济相结合，增强现代金融服务实体经济的能力。

一、现代金融服务实体经济存在的突出问题

现代金融服务实体经济能力不强，金融体系规模快速膨胀，但以传统金融为主，国际化水平不高。金融与实体经济报酬结构严重失衡，金融资源特别是增量金融资源难以配置到实体经济中。同时，“金融创新”失序，导致金融风险不断积聚，影响实体经济发展的金融安全基础。

（一）资金“脱实向虚”问题显现

资金“脱实向虚”主要表现为：一是金融体系资金空转而不流入实体经济，比如，2016年末银行同业理财规模达到5.99万亿元，是2014年6月末的11.7倍，占同业理财规模的比重达到20.6%，比2014年6月末高出16.5个百分点（见图5-1）。虽然近两年来加强了金融乱象治理，金融体系内的资金空转现象已经大幅减少，2018年末银行同业理财规模已降至1.22万亿元，占同业理财规模的比重大幅下降至3.8%，但治理成果仍需进一步巩固。二是个人购房贷款大幅增加，如2016年新增4.96万亿元，占同期新增贷款的比重达39.2%，比2015年提升16.5个百分点。2018年末，个人住房贷款余额达25.8万亿元，较2017年末增加3.9万亿元，同比增速虽然下降到17.8%，但较同期人民币贷款增速和企业部门贷款增速仍高出4.3个百分点和7.4个百分点。

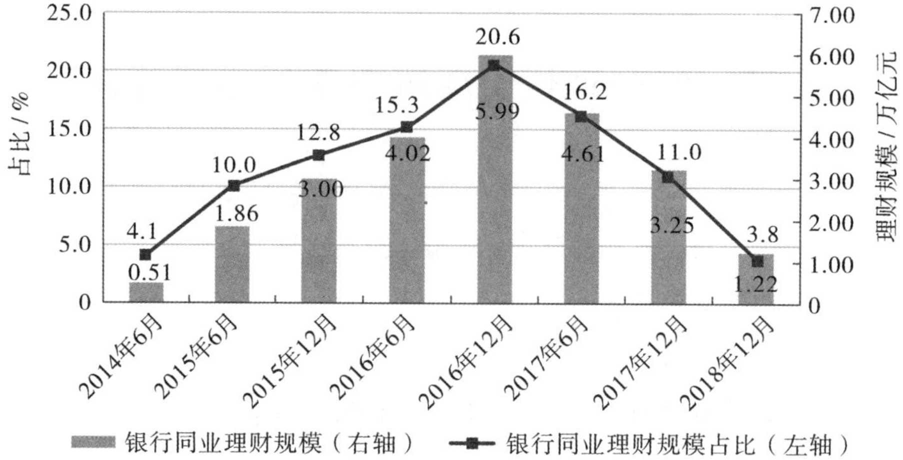

图5-1　银行同业理财规模及其占比

资料来源：《中国银行业理财市场报告（2018年）》。

（二）金融业与实体经济发展失衡

金融业与实体经济发展失衡主要表现为：一是金融业规模过度膨胀。2018年末中国银行业金融机构资产规模达268.2万亿元，继续超过欧盟居全球首位，是2008年末的4.30倍，而2018年GDP仅为2008年的2.82倍。二是金融业增加值占比迅速上升。2018年金融业增加值占GDP的比重为7.7%，虽然较2015年的8.4%、2016年的8.2%和2017年的8.0%有所下降（见图5-2），但仍居主要经济体前列。三是金融与实体经济利润严重失衡。2018年A股金融类上市公司占全部上市公司净利润的比重仍接近50%（47.9%）。上市银行净资产收益率尽管逐年下降，但仍明显高于非银行业，2018年两者相差3.6个百分点（见图5-3）。

（三）部分金融创新偏离方向

近年来，我国银行业在资产管理、小微企业、“三农”、互联网金融、绿色信贷等方面推出了一些新产品、探索了一些新模式，但金融创新总体上层次不高、结构单一、同质模仿等问题较为突出，有的金融创新主要是基于监管套利目的，客观上隐匿、转嫁和扩大了风险，不仅不能为实体经济创造价值，还会损害投资者和债权人的合法权益。

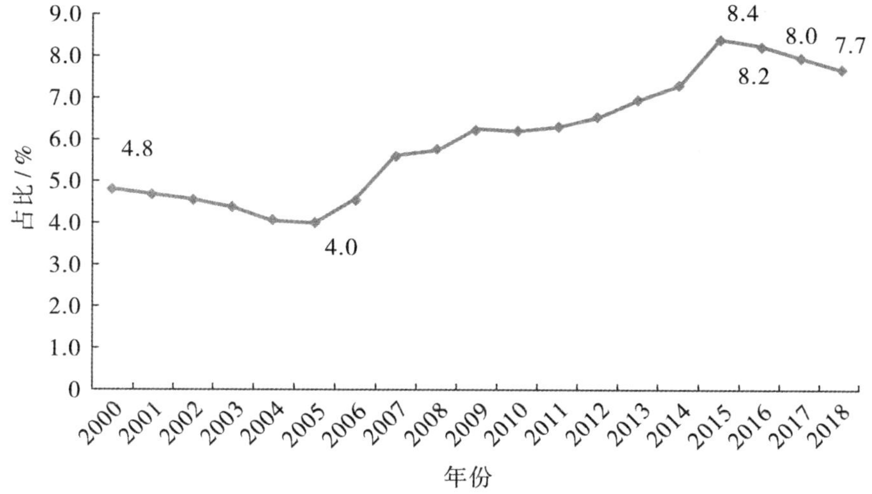

图5-2　我国历年金融业增加值占GDP的比重

数据来源：国家统计局。

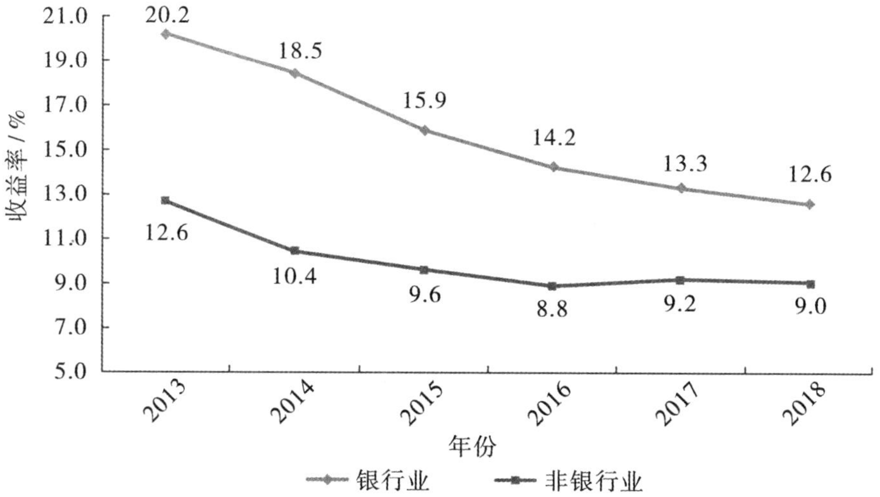

图5-3　银行业与非银行业上市公司净资产收益率

资料来源：Wind资讯。

（四）金融领域风险不断积累

我国经济金融风险总体可控，但也要看到，随着我国经济增速放缓，主要经济变量关系深刻调整，经济结构性失衡矛盾趋于突出，加之金融监管体系不完善，监管的穿透性不足，金融市场波动性提高，金融领域面临不少风险和挑战。过去一个时期，政府在有效应对风险上发挥了较大作用，避免了系统性风险，但也使得市场主体“风险免疫系统”没有经受洗礼，防范风险的主体意识不强。

二、运用现代金融服务实体经济

鼓励金融机构回归本源、专注主业、下沉重心，推进金融与实体经济再平衡，增强现代金融服务实体经济的能力。

（一）促进金融业服务实体经济发展

在商业可持续的前提下，金融机构应考虑经济周期的影响，立足客户需求，以减费让利等方式支持实体经济走出困境，形成共存共生的良性银企关系。促进商业银行合理确定发展战略和利润目标，加快建立风险和收益平衡兼顾的绩效考评体系。鼓励银行在设定年度考核指标时纳入未来3～5年的周期性因素，提高薪酬延期支付比例，引导银行管理者和员工关注中长期风险，减少追逐短期利益的行为。监管部门适时开展不当激励专项治理，逐一检查银行业金融机构绩效考核合规情况，及时整治和纠正各类不合理的考核行为。

（二）提高金融业服务实体经济的效率

大力发展多层次的资本市场，增加直接融资比重，为实体经济提供更多融资渠道。建立全国性股权交易市场，提高欠发达地区资源可及性，促进金融资源跨地区流动。加大银行呆坏账处置力度，改善银行资产负债状况，加大银行对实体经济尤其是传统制造业的支持力度。打破隐性担保和刚性兑付，避免金融资源过度偏向地方政府和国有企业，间接推高民营部门投资成本。完善宏观审慎管理框架，加强对“影子银行”的监管，有效打击监管套利行为。

（三）加强对金融机构创新的引导

促进金融创新向有利于提升服务实体经济效率的方向发展。培养造就熟悉现代国际金融市场运作、熟悉金融工程技术运用、熟悉互联网技术的专业人才，有效降低风险。事先置备压力测试、风险对冲等风险防控方式，使金融创新在风险可控的前提下平稳推进。坚持透明、简单和规范的原则，确保风险创造主体和承担主体一致，严禁向金融消费者转嫁风险、藏匿风险、延滞风险。依法加强金融知识产权保护，减少和避免同质模仿。

（四）进一步完善金融监管规则

实施穿透原则，全面掌握底层基础资产信息和实际风险承担情况，对各类交叉性金融产品和业务，本着实质重于形式的原则，无遗漏地全部纳入全面风险管理体系。加强并表监管，及时采取相应的风险管控措施，防止监管套利，避免风险交叉传染。对于不同类别的交叉性金融产品，在准确计量风险的前提下，足额计提资本和拨备，严格控制风险集中度，确保跨市场、跨行业资金流动始终“看得见、管得了、控得住”。

第五节 提高人力资源对实体经济发展的支撑能力

我国实体经济发展正在由依靠劳动力低成本优势转向更加重视人力资本贡献，这是建设创新引领、协同发展的产业体系的必然选择。应加大对人力资本的投资力度，为建设现代产业体系提供人力资源支撑。

一、人力资源支撑实体经济面临的主要问题

我国人力资源规模大，但质量有待提升。科技人才队伍大而不强，主要科技领域领军人才缺乏。创新型企业家群体亟须壮大，各类创新创业人才的积极性、创造性和活力尚需进一步激发。

（一）人力资本投入依然偏低

长期以来，我国教育投入一直受到各方面广泛关注。2012年以来，我国教育支出占国内生产总值的比重连续多年超过4%，但仍低于世界平均水平。我国卫生费用占国内生产总值的比重、人均卫生费用以及人均政府卫生支出等重要指标，仍处在主要经济体中的较低水平。

（二）人力资本投资结构不合理

我国教育投资占比不高，同时教育投资结构不合理，有限的财政性教育投资大多向高校倾斜，对初等和中等教育投资不足，影响了初等和中等教育的发展。企业对于人力资本投资重视不够，造成人力资本贬值严重，影响了企业的创新能力，进而降低了企业的市场竞争力。

（三）人力资源存在“极化效应”

受“人往高处走，水往低处流”传统观念的影响，人力资源大多流向高度发达的大城市，而较不发达的中小型城市则面临人力资源短缺的尴尬局面。这种现状直接造成了发达地区的人力资本水平远远高于不发达地

区，在人才是第一生产要素的时代，这种状况显然对地区协调发展带来不利影响。

二、为促进实体经济发展提供人力资源支撑

人力资源是现代产业体系不可或缺的一环。推动产业转型升级、提升产业基础能力和产业链水平、建设制造强国，都需要高素质人力资源的支撑。

（一）积极探索创新型人才培养机制

推动教育高质量发展，培养造就一大批具有国际水平的战略科技人才、科技领军人才、青年科技人才和高水平创新团队。完善人才评价、流动和配置机制，发现、培养和用好人才，使各类人才的创新智慧和潜能竞相迸发。在充分用好国内人才资源的同时，积极引进国外高质量人才和智力资源。

（二）加快发展现代职业教育

把部分地方本科院校转型为职业技术高校和职业教育学院，加强劳动力的职业技术培训，培养大批专业技能人才。通过大力发展职业教育，为产业优化升级配置新增劳动力，实现劳动力结构升级。适应新一轮科技革命和产业变革的要求，加快推动职业教育人才培养模式、教学方式和教学内容变革，更好发挥职业教育对产业转型升级的支撑作用。

（三）激发各类人力资源潜能

建立与创新相容的人才激励机制，推进职务科技成果产权激励改革，让创新人才充分实现自身价值。完善企业家精神的激励机制，尊重和保护个人财产权利，稳定有产者的预期和信心。加快推进农民工特别是第二代农民工市民化，让进城的农民工变成无差别的城市人，激发其投入经济建设和创业的激情。

（四）建立健全人才合理流动机制

突出市场主导和企业主体，保障和落实用人单位自主权，提高地方引才的科学性和针对性，促进人才链与创新链、产业链精确对接。整合多头人才引进计划和项目，提升引才工作的质量和效率。着力优化用人环境。依托创新创业平台聚集人才，促进引进人才与地方经济转型升级相融合，使各类人才有用武之地。

第六章

建设统一开放、竞争有序的市场体系

市场体系是现代化经济体系配置资源机制发挥作用的载体。要进一步完善商品和服务市场，加快建设要素市场，建立公平开放透明的市场规则，完善主要由市场决定价格的机制，完善市场监管体系，加快形成企业自主经营、公平竞争，消费者自主选择、自主消费，商品和要素自由流动、平等交换的现代市场体系。

第一节　我国市场体系建设取得的进展

改革开放以来，随着经济体制从高度集中的计划经济体制逐步转向市场经济体制，市场体系建设从以商品和服务市场建设为主到以要素市场建设为主，从完善价格形成机制的价格改革到完善产权制度建设的所有制改革，不断取得重要进展。

一、我国市场体系建设取得重大进展

市场体系是由各种相对独立的商品市场和生产要素市场所形成的不可分割的有机整体，是由各种相互作用、相互联系在一起的子市场形成的有机统一体。我国商品市场发育较为充分，市场决定商品价格的机制基本实现全覆盖，但要素市场的发展仍相对滞后。

商品市场是我国市场体系的重要基础。经过40多年的改革开放，我国已经确立了市场在供求调节中的主体地位，基本形成了全国统一的市场体系。消费品和工业生产资料的产销已基本由市场调节，在社会消费品零售总额和生产资料销售总额中，市场调节价格的比重均在98%以上。党的十八大以来，现代市场体系建设进一步加快，以电子商务、期货市场为代表的现代市场流通方式快速发展。商品市场体系建设，对我国发挥市场配置资源功能和更好地参与全球商品资源配置，起到了积极和重要的推动作用。

要素市场化改革取得重要进展。劳动力、土地、资本、技术等要素领域取得长足发展，市场配置要素资源的能力明显增强，对经济发展的重要作用不断显现。放宽对劳动力流动的限制，打破城乡劳动力分割配置，初步形成劳动者和用人单位自主双向选择、工资更多由市场竞争决定的劳动力市场。在坚持和稳定农户土地承包经营权的前提下，稳步发展农地承包

经营权市场，积极探索集体土地进入市场的途径和方式，实行国有建设用地有偿使用制度，国有土地使用权的市场配置范围不断扩大。推进股权分置等一系列基础性制度改革，逐步形成包括主板、中小企业板、创业板和场外市场在内的多层次股票市场；债券市场规模不断扩大，直接融资中债券的功能和作用逐步强化；商品期货市场交易规模跃居世界前列，期货在价格发现和风险管理方面的功能得到有效发挥。技术市场交易规模逐步扩大，在推动科技成果产业化和商业化的过程中发挥了积极作用。但总体而言，相对于商品市场，我国要素市场改革起步较晚，发育还不充分。

二、我国市场体系建设面临的主要问题

我国市场体系尚不完善，市场准入与退出渠道还不通畅，市场竞争还不充分，市场竞争无序现象时有发生，部分领域价格尚未理顺，生产要素市场发展相对滞后，要素流动仍受到多方面限制。

（一）市场准入与退出渠道还不通畅

不同市场主体往往难以获得同等的市场准入条件，民间资本进入能源、电信、铁路、金融、市政、教育、卫生等行业，准入方面限制过多或限制不当，甚至仍存在“玻璃门”“弹簧门”“旋转门”现象，有的领域外资企业能够进入，而国内民营企业却被挡在门外，使相关领域缺少充分竞争，不利于资源优化配置和效率提升。市场退出困难则主要表现为企业破产难，主要原因在于地方政府和银行出于种种利益考量，不愿意企业破产，现实中对企业的刚性兑付要求，使得企业法人的有限责任变为无限责任。同时，《中华人民共和国企业破产法》实施细则有待完善，法院受理破产案件的能力也严重不足。

（二）市场竞争还不充分

现实条件下，国有企业往往在法律约束、融资能力以及土地、劳动力使用等方面存在优势，从而使其在市场竞争中处于有利地位，影响了竞争

的公平和资源的有效配置，并在一定程度上挤压了其他企业的发展空间。与此同时，国有企业的特殊地位也影响了自身效率的提高。一方面，虽然国有企业多处于市场优势地位，但其主营业务利润却低于市场平均水平；另一方面，在预算软约束条件下，亏损的国有企业往往能享受直接和间接补贴，如获取银行低息贷款或获准拖欠贷款等。

（三）市场竞争无序现象时有发生

地区封锁、市场分割的问题仍较突出，有些地方为保护本地企业利益，制定有利于本地企业的技术、卫生、检验检疫标准，采取有利于本地企业的采购和销售政策等，或滥用行政权力对外地企业和产品进行多重检验、超严执法，设置进入壁垒。为了吸引投资，一些地方实行低地价甚至零地价，不适当地降低税率、降低环境保护和能源资源利用标准。消费者保护制度不健全，维护公平竞争市场秩序的力度不够，滥用市场支配地位、侵犯专利、窃取商业秘密、实施商业贿赂、进行商业欺诈等行为有时得不到应有的惩处，新型商业模式和平台经济的监管体系也有待完善。

（四）部分领域价格尚未理顺

在电力、成品油、天然气、铁路、医疗卫生等领域，产品或服务仍采取政府定价方式，市场调节机制尚未发挥应有作用，造成部分产品或服务的比价关系长期扭曲，上下游之间价格传导不畅，真实的生产经营成本和效率状况未能得到反映。价格扭曲造成资源错配、结构失衡、分配不公、粗放发展，推高了经济社会发展成本。在竞争性领域已基本形成市场决定价格机制，但价格放开后的价格监管没有相应跟上，价格监管机制仍不到位。

（五）生产要素市场发展滞后

要素价格存在不同程度的扭曲，主要原因是要素的自由流动受到较大限制。一方面，要素流动存在显性或隐性门槛，如城乡或不同城市之间的户籍壁垒和公共服务供给不均等，事实上阻碍了劳动力的自由流动，不同形式的就业歧视现象依然存在；资本市场仍带有行政管制色彩，交易所和银行间债券市场的参与主体、交易品种和托管清算尚未完全统一；股票发行注册制改革尚未推开。另一方面，要素市场发育明显滞后，导致价格机制难以有效发挥作用，如国有和集体土地同地不同权，加上政府对城市建设用地一级市场的垄断，不仅造成土地价格扭曲和配置低效，而且容易引发社会矛盾；由于市场化定价机制不健全、知识产权保护力度不够、金融支持不力等，技术市场发展仍然相对滞后。

总体上看，我国市场体系建设取得了长足进展，但与建立统一开放、竞争有序的市场体系要求相比还有相当大的差距，必须着力清除市场壁垒，加快形成企业自主经营、公平竞争，消费者自由选择、自主消费，商品和要素自由流动、平等交换的现代市场体系，提高资源配置效率和公平性。

第二节　进一步完善商品和服务市场功能

进一步完善商品和服务市场功能，就是要适应居民消费结构升级和消费新业态新模式，完善商品和服务市场功能，鼓励发展消费新业态新模式，加快农村商品和服务市场建设。

一、提升商品质量和市场服务水平

随着我国居民收入水平持续提高和中等收入群体规模扩大，居民消费从注重量的满足转向追求质的提升，对产品质量、品牌的需求日益提升，消费热点由以实物消费为主向以服务消费为主转变，呈现高端化、个性化和服务化趋势。这就要求提升商品和服务供给与居民消费结构升级的匹配度，增加有效供给，提升市场服务水平。发挥集零售、餐饮、娱乐、文化、教育等为一体的大型商业综合体作用，促进城市商圈建设。发展社区商业，提高居民消费便利度。进一步放开服务消费领域市场准入，积极发展教育、育幼、养老、医疗、文化、旅游等服务消费，推动消费结构升级。

二、鼓励发展消费新业态新模式

顺应线上消费发展迅猛、消费场景日益广泛多样的新趋势，鼓励互联网、大数据、人工智能等新技术的应用渗透，提升商品和服务市场精细化发展水平。促进线上线下融合发展，推动消费方式变革和消费模式创新。加强线上消费信用体系建设，健全消费者维权机制，改善线上消费环境。

三、加快农村商品和服务市场建设

随着互联网技术发展和网络覆盖范围扩大，特别是国家加大对农村地区网络建设的支持力度，网上零售持续向农村下沉延伸，改善了农村的消费环境。同时，优质农产品通过网上销售进入城市的千家万户，成为消费增长的重要因素。要加快提升农村的商品和服务市场建设水平，加强农村物流基础设施建设，推进农村电商发展，推进工业品下乡和农产品进城，畅通农村商品和服务的市场渠道。

第三节 加快要素市场建设

加快要素市场建设，重点是破除要素自由流动的体制机制障碍，扩大要素市场化配置范围，推进要素市场制度建设。

一、破除劳动力自由流动障碍

针对农业转移人口市民化受到户籍制度和公共服务供给不均等的制约，要深化户籍制度改革，畅通劳动力和人才流动渠道。

（一）深化户籍制度改革

放开放宽除个别超大城市外的城市落户限制，完善城区常住人口500万以上的超大特大城市积分落户政策，精简积分项目，确保社会保险缴纳年限和居住年限分数占主要比例。对暂不具备落户条件的农民工，依托居住证制度梯度赋权，根据居住证连续持有时间，逐步扩大公共服务项目。推进基本公共服务均等化，建立教育、就业创业、医疗卫生等基本公共服务与常住人口挂钩机制。

（二）畅通劳动力流动渠道

建设统一开放、竞争有序的劳动力市场，打破劳动力市场被户籍制度人为分割为城镇就业者和农民工的二元格局。依法纠正身份、性别等就业歧视现象，保障城乡劳动者享有平等的就业权利。加强对农村转移劳动力的职业技能培训，拓展职业发展空间。完善国有企事业单位面向社会选人用人机制，加强对重点就业群体的就业帮扶。

二、推进土地要素市场化配置

加快农村土地征收、集体经营性建设用地入市、宅基地制度的“三块地”改革试点，对于不同类型土地的流转方式和管理办法，加快出台相关政策与法律法规。

（一）改革土地征用制度

征地制度既是国有建设用地市场建设的基本制度，也关系到农村集体经营性建设用地市场发展的空间，更关系到农民的切身利益。征地制度改革的方向，一是缩小征地范围，将征地界定在公共利益范围内，逐步减少强制征地数量，从源头上减少征地纠纷的产生，同时也为建立农村集体经营性建设用地市场留出充足空间。二是规范征地程序，通过改革完善征地审批、实施、补偿、安置、争议调处裁决等程序，保障被征地农民的知情权、参与权、收益权、申诉权、监督权，进一步规范和约束政府的征地行为，防止征地权被不当滥用。三是完善对被征地农民的合理、规范、多元保障机制，从就业、住房、社会保障等多个方面采取综合措施维护被征地农民权益，使被征地农民生活水平有提高、长远生计有保障，确保社会和谐稳定。建立兼顾国家、集体、个人的土地增值收益分配机制，合理提高个人收益，平衡好国家、集体、个人利益，让农民公平分享土地增值收益。

（二）探索建立农村集体经营性建设用地流转制度

推动农村集体建设用地使用权以公开规范的方式转让，与国有建设用地享有平等权益，可以防止土地流转价格扭曲，有利于充分挖掘集体建设用地的巨大潜力，建立城乡统一的建设用地市场。允许农村集体经营性建设用地在符合规划和用途管制的前提下，实行与国有土地同等入市、同权同价。同等入市意味着农村集体经营性建设用地可以与国有建设用地以平等的地位进入市场，可以在更多的市场主体间、在更宽的范围内、在更广的用途中进行市场交易；同权同价意味着农村集体经营性建设用地享有与国有建设用地相同的权能，在一级市场中可以出让、租赁、入股，在二级市场中可以租赁、转让、抵押等。与此同时，农村集体经营性建设用地入市要以符合用地规划、严格用途管制为前提。要将农村集体经营性建设用地交易纳入已有国有建设用地市场等交易平台，促进公开公平公正和规范交易。大力培育和发展城乡统一建设用地市场信息、交易代理、市场咨询、地价评估、土地登记代理、纠纷仲裁等服务机构。

（三）完善农民宅基地与房产制度

探索宅基地所有权、资格权、使用权“三权分置”改革，落实宅基地集体所有权，保障宅基地农户资格权和农民房屋财产权，适度放活宅基地和农民房屋使用权、交易权。重点结合发展乡村旅游、返乡下乡人员创新创业等先行先试，探索盘活利用农村闲置农房和宅基地，增加农民财产性收入，促进城乡要素双向流动，提高农村资源的配置效率。

三、推进资本要素市场化配置

目前，我国金融体系以银行间接融资为主。这一模式越来越暴露出杠杆率偏高、资源配置效率偏低、风险集中等问题。要调整金融体系结构，把发展资本市场放在更加重要的位置，提高直接融资比重，打造一个规范、透明、开放、有活力、有韧性的资本市场。

（一）加快发展资本市场

坚持市场化、法治化改革方向，完善股票市场发行、交易和退市等制度，提高上市公司质量，健全退出机制。完善投资者保护制度，推动完善具有中国特色的证券民事诉讼制度。完善主板、科创板、中小企业板、创业板和全国中小企业股份转让系统市场建设。稳步扩大债券市场规模，丰富债券市场品种，推进债券市场互联互通，统一公司类信用债券信息披露标准，完善债券违约处置机制，形成融资功能完备、基础制度扎实、市场监管有效、投资者合法权益得到有效保护的多层次资本市场体系。

（二）增加有效金融服务供给

放宽金融服务业市场准入，发展民营银行和社区银行，增加对小微企业和民营企业的金融服务供给。引导大银行服务重心下沉，推动城商行、农商行、农信社业务逐步回归本源，构建多层次、广覆盖、有差异、大中小合理分工的银行机构体系。完善金融机构市场化、法治化退出机制。

（三）有序扩大金融业对外开放

逐步推进证券、基金行业对内对外双向开放，有序推进期货市场对外开放。逐步放宽外资金融机构市场准入条件，推进境内金融机构参与国际金融市场。稳步推进人民币国际化和人民币资本项目可兑换。

四、促进技术交易市场发展

促进技术交易市场发展要加快完善知识产权保护制度，培育发展技术转移机构和技术经理人，建立市场化、社会化技术评估制度。

（一）强化知识产权保护和运用

我国知识产权保护已取得长足进步，但仍存在侵权赔偿标准低等问题，要建立知识产权侵权惩罚性赔偿制度，优化法治环境，加大执法力度，加快建设与国际惯例接轨的知识产权保护制度。优化知识产权保护的舆论环境，增强全社会的知识产权保护意识。积极推进企事业单位建立完善知识产权管理制度，培育和发展知识产权中介服务市场。

（二）培育发展技术转移机构和技术经理人

支持高校、科研机构和科技企业建立技术转移部门，加快建立国家技术转移人才培养体系，培养一批技术经理人，提高技术转移服务能力。建立市场化、社会化技术评估制度，加强评估人员管理，提高评估报告质量，完善技术评估中介服务体系。

第四节　建立公平开放透明的市场规则

建立公平开放透明的市场规则，是建设统一开放、竞争有序的市场体系的重要基础，也是建设现代化经济体系的重要条件。

一、实施市场准入负面清单制度

所谓负面清单制度，是指政府列出禁止和限制进入的行业、领域、业务等清单，清单之外的领域都可以自由进入，即所谓“法无禁止即可为”。实施市场准入负面清单制度，是政府管理方式的深刻变革，需要优化制度环境，实施综合配套改革，不断创造条件积极推进。

（一）推进实施市场准入负面清单制度并完善配套制度

实施市场准入负面清单制度，是发挥市场在资源配置中的决定性作用、更好发挥政府作用的重要制度创新。与此同时，我国发展阶段和经济社会生活的复杂性，决定了市场准入负面清单制度不可能一蹴而就。因此，要明确改革循序渐进的步骤，由少到多、由易及难推进。做好负面清单与行政审批事项清单、产业结构调整指导目录、政府核准的投资项目目录的衔接工作，进一步减少清单事项，完善配套制度。

（二）加强事中事后综合监管

对改为备案的行政审批，制定备案管理办法，明确对市场主体备案事项的监督检查及相关处理措施、应承担的法律责任等。鼓励行业协会、商会制定行规行约和行业内争议处理规则，充分发挥社会专业服务机构的监督作用。适应综合执法需要，培养监管人员的复合监管能力。

二、完善市场监管机制

我国具有超大规模市场优势，打破地方保护和市场壁垒，实行统一的市场监管，推进建成全国统一的大市场，是发挥超大规模市场优势的重要前提。

（一）打破地方保护和市场壁垒

当前，地方保护和市场壁垒表现更隐蔽、形式更多样。在保护内容上，由保护本地产品、资源为主转向保护本地市场为主，限制外地产品进入本地市场。在保护手段上，由简单设置关卡转为制定地方规则和行政壁垒，往往以“红头文件”形式使保护措施“合规化”；制定地方标准排斥外地产品和服务；通过对外地产品重复检验、多头执法等手段实施地方保护。在保护范围上，由过去的保护商品为主扩大到保护要素和服务市场。地方保护和市场壁垒，妨碍统一市场的形成，阻碍资源的优化配置，损害市场主体利益和消费者的合法权益。地区封锁屡禁不止，统一市场就难以形成。要加快打破地方保护和市场壁垒，促进形成全国范围内的商品和要素自由流动、市场主体自由竞争的格局，加快推进全国统一的商品和要素大市场建设。

（二）实行统一的市场监管

加快清理和废除妨碍全国统一市场和公平竞争的各种规定和做法，根据产业的整体技术水平和国际发展趋势，推行全国统一的技术标准、检验体系，促进形成全国统一的商品和要素流通与贸易体制。健全监督机制，公正公平执法，加大查处力度，着力消除各种形式的地方保护和市场壁垒。加强媒体和公众监督，营造良好的社会舆论监督环境。

三、创造公平竞争的市场环境

公平竞争是市场经济的本质要求，也是市场机制发挥作用的必要条件。要切实放开垄断行业市场准入，完善公平竞争制度。

（一）切实放开垄断行业市场准入

目前，我国已在能源、电信、铁路、金融、市政、教育、卫生等领域鼓励民间资本进入，但实际效果还不理想。民营企业准入仍存在“玻璃门”“弹簧门”“旋转门”现象。应打破市场壁垒，切实放开准入，创造各类市场主体依法平等使用生产要素、公开公平公正参与市场竞争、同等受到法律保护的制度环境，促进各类市场主体公平竞争。

（二）完善公平竞争制度

我国不同市场主体公平竞争的环境还没有形成。在平等使用要素资源方面，国有企业和民营企业之间有明显差别，从贷款、融资、财政扶持到土地等要素资源的获得，国有企业仍有明显优势。在监管力度和法律环境方面，民营企业还不能与国有企业享受同等待遇。为此，要完善公平竞争制度，形成公平竞争的法律体系，用法律法规和必要的制度安排保障各类市场主体公平竞争。

四、健全市场化退出机制

发挥市场机制的优胜劣汰作用，健全市场化退出机制，政府把主要精力放在为企业退出和重整创造外部环境上，如完善社会保障体系、开辟再就业门路、组织职业培训、为兼并重组提供必要的金融支持等。

（一）加快清理“僵尸企业”

企业优胜劣汰是市场经济的正常现象，加快处置“僵尸企业”有利于提高资源配置效率，实现经济良性循环。要运用市场化、法治化办法处置“僵尸企业”，充分运用兼并重组、破产重组、破产清算、破产和解等法律手段，实现市场主体的有效救助或有效退出。建立托管机构，集中管理处置“僵尸企业”。中央和地方财政共同出资解决“三供一业”移交和退休人员非统筹费用问题，实行社会化管理。发挥资产管理公司处理不良资产的经验和具有完整的处置链条的优势，引导其参与“僵尸企业”处置。研究制定破产管理人办法，健全管理人制度。

（二）提高法院受理破产案件的能力

目前，我国法院对破产案件的受理能力不足，难以满足需求，绝大部分案件中的企业通过非正常手段退出市场，并没有按照《中华人民共和国破产法》进入破产程序。法院受理破产案件的能力不足，往往使其缺乏受理破产案件的积极性。破产案件进入法院程序复杂，期限长，投入的人力、物力成本高，但在考核时却与其他案件没有区别。要提高法院受理破产案件的能力，加大对法院受理破产案件的人力与物力支持力度，并在绩效考核中予以重视，同时出台强制破产制度，简化破产案件的受理流程。

第五节　完善主要由市场决定价格的机制

通过市场竞争形成价格，进而调节供求关系和优化资源配置，是市场经济的基本特征，也是使市场在资源配置中起决定性作用的集中体现。要尽可能地减少政府干预，最大限度地发挥市场决定价格的作用。

一、推进垄断行业价格形成机制改革

当前，迫切需要推进水、石油、天然气、电力、交通、电信等领域的价格改革。这些领域往往是自然垄断环节与竞争性环节并存，而后者的价格应当经由市场形成。但在实践中，这些领域基本上仍由政府定价。随着技术进步和管理方式的改进，有些原来属于不可竞争的环节变得可以竞争了，竞争性环节的范围相应扩大。例如，电子通信技术的快速发展，使电信业务从接入到增值服务的竞争力都显著提高。因此，要加快推进垄断行业价格形成机制改革，既要充分考虑市场供求关系、资源稀缺程度和环境损害成本，也要提高政府定价过程的透明度和公众参与度，特别是直接关系人民群众切身利益的价格调整，在可能的情况下，应公开成本构成等重要信息。放开竞争性环节价格，能由市场定价的尽可能交给市场。

二、建立信息披露与社会参与机制

在公共事业或政府干预定价的领域，要将价格变动的具体细节与成本构成，公开向社会通报且相关信息可供社会公众随时查阅，接受社会监督。推广全国人大“专题询问”会议模式，进一步发挥人大、政协的民主监督职能。完善价格听证会制度，扩大听证范围，以实现价格调整前与公众充分沟通。发挥中介组织在政府与公众的协调沟通中的作用，依托消费者协会等代表市场主体的中介组织，提高社会公众在价格监管与价格制定

中的参与度。加快建立消费者集体诉讼制度，降低受害者组织协调成本。

三、加强对垄断环节和公用事业的价格监管

对已将可竞争环节与垄断环节分开的行业，如电力行业，尽快建立更加合理具体的输配电价成本核算规则，监管输配电价。对上下游一体化的垄断行业（如天然气行业），对财务上已经独立的公司（如天然气管道公司），逐步建立价格监管制度。加强对城市燃气、水务、垃圾处理等公共事业领域的价格监管。

第六节　完善市场监管体系

完善市场监管体系，重要的是健全公平竞争审查制度和加强社会信用体系建设。

一、健全公平竞争审查制度

公平竞争审查制度遵循的基本原则，是除非有确切证据表明政府管制措施产生的效益超过成本，或管制措施是政策目标得以实现的唯一方式，否则，政府应废除限制竞争的政策措施。

（一）公平竞争审查制度的国际经验

从国际经验看，主要经济体都通过公平竞争审查制度来保障市场公平竞争。国际上公平竞争审查大致有三种模式：第一种是政策制定机构自我审核，这种模式难以解决自我审查可能带来的不客观、不公正的问题。第二种是由专门的市场监管机构负责审核，这种模式能够更好地保障公平竞争审查的中立性、客观性，但市场监管覆盖的领域广，这就要求市场监管机构配备各领域的专业人才。第三种是由政策制定机构和市场监管机构共同审核，最终由市场监管机构最终裁决，这种模式能够较好地规避第一、第二种模式的缺陷。

（二）落实公平竞争审查制度

2016年6月，国务院发布的《国务院关于在市场体系建设中建立公平竞争审查制度的意见》，第一次就建立公平竞争审查制度明确提出框架性意见。但我国公平竞争审查制度还处在起步阶段，要真正发挥作用还有相当多的工作要做。从审查主体看，无论是存量政策清理，还是新拟政策，均由政策制定部门具体负责，谁制定、谁清理，谁制定、谁审查。这种制度规定不利于提高公平竞争审查的中立性、客观性。从国际经验看，公平竞争审查最终还需要有一个强有力的机构进行综合协调，并承担最终裁决权。

二、加强社会信用体系建设

社会信用体系建设是我国经济社会发展中的“短板”。要建立健全社会信用体系，完善信用激励与惩戒机制，制定履约守信的社会规范，提高全社会的信用水平。

（一）建立健全社会信用体系

完备的信用信息系统是社会信用体系建设的基础和重要保障，必须把信用记录建设和信用信息系统建设作为重要的基础工作加紧推进。各行业要加快建立健全本行业信用记录，让信用行为都留下真实、准确、可追溯的信用记录。发挥社会和市场的力量，收集和整合各个领域、各个环节的信用记录，使信用记录不留死角、不留盲区。推动政务信用信息与社会信用信息交换共享，形成广泛覆盖、深度融合的信用信息大数据资源，逐步形成全覆盖的个人和机构的信用记录，作为机构开展生产、投资等经济活动和个人进行消费等的重要信用依据。

（二）完善信用激励与惩戒机制

充分发挥信用信息在政府监管和服务中的作用，注重以互联网、大数据为依托加强信用激励惩戒。建设全覆盖的企业信用信息公示系统，根据市场主体信用状况实行分类、动态管理，对守信主体予以支持和激励，对各类失信主体在投融资、土地供应、招投标、财政性资金安排等方面依法依规予以不同程度的限制。加快信息共享平台建设，建立多部门、跨地区信用联合奖惩机制。借助互联网和大数据等技术，创新信息采集、发布和公示方式。通过制度创新，使各类市场主体和社会主体不愿失信、不敢失信、不能失信，并对守信主体予以激励。

（三）健全信用体系的法律法规

完备的法律体系是社会信用体系的基础保障。目前我国信用体系建设配套的法律法规制定明显滞后，制约了社会信用体系的发展。要加快制定规范信用信息公开、保护个人隐私、规范催账程序和加强信用监督的法律法规。同时，加快建立信用监管机制，明确各行政部门在社会信用监管中的职权，并考虑设立专门的信用监管机构。

（四）促进信用服务机构发展

以征信机构和评级机构为代表的信用服务机构是社会信用体系建设的重要组成部分，是推动社会信用体系良性运转的重要动力。要充分发挥信用中介机构与信用服务协会的作用。目前我国民间征信快速发展，但相应的法律法规缺位，导致行业秩序混乱，市场对这些征信机构的信用信息信任度较低。要加强对信用服务市场的监管，规范民间征信机构的行为。

第七章

建设体现效率、促进公平的收入分配体系

建设体现效率、促进公平的收入分配体系，既有利于鼓励先进，促进效率，最大限度激发活力，又有利于防止两极分化，逐步实现共同富裕，让人民群众共享改革发展成果，是现代化经济体系的激励和平衡机制。要完善初次分配制度，健全再分配调节机制，规范收入分配秩序，扩大中等收入群体，逐步实现全体人民共同富裕。

第一节　我国收入分配现状、问题和影响因素

改革开放以来，我国收入分配体系建设取得积极进展，但收入分配领域存在的问题仍然比较突出，这既与我国所处的发展阶段相关，也有收入分配制度不完善和市场机制不健全等原因。

一、收入分配体系建设取得的成就

党的十八大以来，城乡居民收入增长与经济增长保持同步，收入分配结构不断优化，收入分配调节机制逐步完善。

（一）城乡居民收入增长与经济增长保持同步

党的十八大以来，我国居民收入增速持续快于经济增速。2018年，全国居民人均可支配收入28228元，扣除价格因素，比上年实际增长6.5%。2013—2018年，居民人均可支配收入年均实际增长7.3%，比同期国内生产总值7.0%的年均增速快0.3个百分点。其中，城镇居民人均可支配收入由2013年的26467元增加到2018年的39251元，年均实际增长6.3%；农村居民人均可支配收入由2013年的9430元增加到2018年的14617元，年均实际增长7.7%。

（二）收入分配格局不断优化

城乡居民收入差距不断缩小，2018年城乡居民人均可支配收入之比已下降至2.69，比2013年的2.81缩小0.12。基尼系数有所下降，2017年全国居民人均可支配收入基尼系数为0.467，比2012年的0.474下降0.007。贫困人口大幅减少，按照2010年农村贫困标准，2018年末我国农村贫困人口减少至1660万人，比2012年末减少8239万人；农村贫困发生率降至1.7%，比2012年末下降8.5个百分点。中等收入群体人数快速增加，我国已形成世界上人口最多的中等收入群体。

（三）收入分配调节机制逐步完善

近年来，我国陆续出台一系列关于收入分配改革的政策。国有企业负责人薪酬制度、履职待遇等逐步规范，引导国有企业薪酬公平合理分配。法官、检察官工资制度改革，公立医院薪酬制度改革和实行以增加知识价值为导向的分配政策，有利于调动多方面的积极性。各单位财务会计制度的健全和审计工作的加强，进一步规范了收入分配秩序。

二、收入分配领域存在的问题

在充分肯定成绩的同时，也要看到我国收入分配领域存在的问题仍然比较突出。当前，收入分配领域存在的问题，主要表现在以下几个方面。

（一）宏观分配格局仍待优化

我国政府、企业、居民宏观分配格局中，劳动者报酬和居民初次分配收入占比依然偏低。20世纪90年代以来，国民收入分配过多地向政府和企业倾斜，特别是2000年后这种态势更加明显，造成劳动者报酬和居民初次分配收入在国民收入中的比重在2000—2008年期间总体呈现快速下降趋势。2009年以来，随着劳动力供需关系逐步改变，劳动者报酬增长开始逐渐加快，劳动者报酬和居民初次分配收入所占比重开始逐步回升，2015年劳动者报酬占比达到47.9%，居民初次分配收入占比达到61.6%，但这两个比重仍明显低于主要发达国家，如美国、英国、德国、法国劳动者报酬占比在59%～65%之间，居民初次分配收入占比在72%～78%之间。

（二）收入分配差距依然较大

按照国家统计局公布的数据，2008年我国居民收入基尼系数达到0.491的历史高位后转向下降，但截至2017年，居民收入基尼系数仍然高达0.467，明显超过国际公认的0.4的警戒线水平。不同收入群体之间的分配差距较大。2018年全国居民人均可支配收入20%高收入户与20%低收入户的相对差距高达10.97倍。与此同时，同反映流量的居民收入间的差距相比，反映存量的居民财富之间的差距更为突出。由于财富统计数据的不完善，目前我国尚没有一个衡量居民财富差距的权威数据，但一些既有研究结果已反映出，当前我国居民财富的基尼系数已经很高，其数值极可能超过0.7[①]。上述情况反映出，当前我国居民收入和财富差距过大的局面并没有出现根本性改变。

（三）普通劳动者增收较为困难

普通劳动者依靠劳动获取收入的能力面临着来自资本和技术的更大挤压。一方面，全球化日益深化使资本和人员等要素的国际流动更自由，通信、交通等技术的发展带来了市场规模的日趋扩大，具有更高人力资本的劳动者获取收入的能力进一步提升，积累的财富规模也大幅增长。另一方面，“机器换人”对普通劳动者就业造成冲击，这一群体面临收入增幅下降、就业不稳定等多重风险。在这一背景下，提升劳动者相对于资本的收入变得更为困难，普通劳动者与资本持有人之间的收入差距面临继续扩大的风险。[②]

（四）社会流动性降低，固化了收入差距

改革开放以来，随着以松绑为主的各项政策的逐步落实，我国居民的社会流动性得到较大程度的提高。劳动力大规模从乡村向城镇流动，实现了职业转换，年轻人通过教育获得了与父辈完全不同的就业岗位，这对优化收入分配结构发挥了重要作用。进入21世纪以来，随着社会利益结构逐步固化，居民的社会流动性有所降低，比如，近些年重点大学中农村学生比例明显下降。社会流动性降低与收入水平差距扩大，两者既相互关联又相互反馈。如果不能从根本上逆转其不利趋势，两者相互激发，就有可能加剧扩大收入分配差距。

---

① 比如，北京大学于2014年7月发布的《中国民生报告》中的数据显示，我国居民的家庭财产基尼系数为0.73。

② Thomas Piketty. *Capital in the Twenty–First Century* (Cambridge: Belknap Press, 2014).

（五）橄榄型收入分配格局尚未形成

以中等收入群体为主体的橄榄型收入分配格局，是社会收入分配格局中的理想状态。经过一个时期的努力，我国的收入分配格局从“倒T字”型逐步转为“金字塔”型，但距形成橄榄型收入分配格局依然有不小差距。党的十八届三中全会明确提出了“逐步形成橄榄型分配格局”的目标，党的十九大以及十九届四中全会都提出扩大中等收入群体的目标和要求。当前，在我国收入分配格局中，中低收入人群比重较大，但中等收入群体比重相对于相同发展阶段的经济体仍然偏低。

三、影响收入分配差距的主要因素

我国收入分配差距的不断扩大，既有初次分配阶段劳动者报酬占比、居民收入占比较低的因素，也有再分配阶段税收和社会保障发挥作用不够的原因。此外，收入分配秩序不合理也导致收入差距不断扩大。这些因素中，既有我国所处发展阶段和市场竞争等合理性因素，也有社会保障机制不健全、腐败寻租等非合理性因素。

（一）初次分配中劳动者报酬占比偏低

劳动者报酬是居民收入的主要来源，占居民可支配收入的比重超过80%。劳动者报酬增长对于提高居民收入比重，优化宏观收入分配格局有直接作用。由于劳动者报酬增长与劳动生产率增长不同步，劳动者报酬在国民收入中的比重长期偏低。2015年劳动者报酬占国民收入的比重为47.9%，居民初次分配收入占比达到61.6%，这两个比重明显低于主要发达国家。这既同我国的发展阶段有关，也有劳动力市场不完善的因素。总体上，资本在收入分配中对劳动力仍占有相对优势，加之用工制度不完善，劳动者权益保障不到位，成为劳动者在劳动力市场中获取合理收入的制约因素。

（二）再分配调节机制不健全

再分配中税收和社会保障制度不完善，影响了再分配环节对收入分配的调节。在税收方面，税种设置欠缺、税率设定不完善、征缴人群不完全等，制约了税收对收入分配调节作用的充分发挥。在社会保障方面，制度碎片化、低收入群体保障不足等，使社会保障没有起到缩小初次收入分配差距的作用，甚至在一些方面存在“逆向转移”的效应。比如，我国的社会保障仍然采用了同户籍相挂钩的方式，保障水平和服务内容因不同人群存在较大差异，医疗保障领域城镇职工医疗保险和城乡居民医疗保险之间个人负担的实际比例，存在10个百分点的差距[①]。又如，非正规就业群体与正规就业群体之间在保障水平上也存在很大差距。

（三）收入分配秩序不合理

政府和市场的边界不清，政府应该承担的责任没有承担，市场机制应该发挥的作用也没有发挥，一些领域在引入市场机制的过程中，缺乏规范和监管，存在寻租行为、灰色收入等，影响合理的收入分配格局的形成。

需要指出的是，改革开放以来收入分配差距虽总体上呈现扩大态势，但在20世纪90年代之前，社会各群体的收入都在增长，而近些年一方面高收入群体的收入以更快速度增长，另一方面大部分群体的收入增长缓慢，部分群体的收入甚至出现下降。随着我国经济转向中速增长阶段，在高速增长阶段收入分配被掩盖的矛盾可能会暴露出来。

① 资料来源：国务院发展研究中心中国民生调查课题组于2016年8月入户调查数据。

第二节　建立效率和公平有机统一的收入分配体系

建设体现效率、促进公平的收入分配体系，要完善初次分配制度。健全再分配调节机制，规范收入分配秩序，有针对性地完善相关制度和政策。

一、完善初次分配制度

初次分配是按照各生产要素对国民收入贡献的大小进行的分配，主要由市场机制形成，决定着收入分配的基本格局。

（一）坚持按劳分配原则

健全工资决定和正常增长机制，促进企业职工工资合理增长，完善最低工资制度、工资指导线制度、劳动力市场工资指导价位制度、行业人工成本信息指导制度，建立统一规范的企业薪酬调查和信息发布制度，完善企业工资集体协商制度，完善工资收入支付保障制度，增加劳动者特别是一线劳动者劳动报酬。完善多劳多得、技高者多得的技能人才收入分配政策，提高技能人才待遇水平和社会地位。加大技能培训投入，健全面向全体劳动者的职业技能培训制度，完善社会化职业技能培训、考核、鉴定、认证体系。促进劳动报酬与劳动生产率同步提高，提高劳动报酬在初次分配中的比重。

（二）健全生产要素参与分配的机制

健全资本、土地、知识、技术、管理、数据等生产要素由市场评价贡献、按贡献决定报酬的机制。增加居民财产性收入，拓宽居民投资渠道，保护投资者特别是中小投资者的合法权益，增加居民投资收益。建设城乡统一的建设用地市场，推进城乡要素双向流动与平等交换，多渠道增加农村集体和农民分享的增值收益、股权收益、资产收益。完善以增加知识价值为导向的收入分配政策，充分尊重技术和管理人才，建立健全数据权属、公开、共享、交易规则，更好地实现知识、技术、管理、数据等要素的价值。

二、健全再分配调节机制

再分配是在初次分配的基础上，对部分国民收入进行的重新分配，主要由政府调节机制起作用。要强化税收再分配调节功能，进一步完善社会保障制度，重视慈善等第三次分配的作用。

（一）更好地发挥税收再分配调节功能

加快推进个人所得税改革，建立综合与分类相结合的个人所得税制度，增加教育、医疗、养老等专项扣除，完善高收入者所得税征管制度，增强个人所得税对居民收入分配的调节功能。以扩大征税范围、合理设计税率与改革征收模式为重点，加快推进消费税改革。推进房地产税立法，逐步完善财产税体系。提高税收征管能力，为税收促进公平分配提供保障。

（二）进一步完善社会保障制度

建立多层次社会保障体系，建立企业职工基本养老金中央调剂制度，建立待遇正常调整机制，加快发展职业年金，鼓励发展个人储蓄性养老保险和商业养老保险。完善统一的城乡居民基本医疗保险制度和大病保险制度，鼓励发展补充医疗保险、商业健康保险。统筹城乡社会救助体系，推进城乡低保统筹发展，确保动态管理下的应保尽保。针对社会保障体系碎片化现象，通过改革逐步实现各类人群保障水平统一，消除群体间因户籍、职业等产生的保障差异。

（三）重视慈善等第三次分配的作用

第三次分配是在道德、文化、习惯等的影响下，社会力量自愿通过民间捐赠、慈善事业、志愿行动等方式扶弱济困的行为，是对再分配的有益补充。近年来，慈善作为第三次分配的作用日趋重要。2016年3月通过的《中华人民共和国慈善法》为慈善事业的进一步发展奠定了基础。要重视第三次分配的作用，发展慈善等社会公益事业。

三、规范收入分配秩序

规范收入分配秩序，形成正确的激励导向，有助于全社会形成通过自身劳动和努力去创造美好生活的社会风尚。要建立个人收入和财产信息系统，健全财产登记制度，完善收入统计调查与监测体系。进一步清理规范隐性收入，取缔非法收入。依法加大对腐败和各种非法经济行为的打击力度，遏制以权力、垄断和不正当竞争行为获取收入。推进交易电子化，减少现金结算，探索建立个人支付结算体系。

四、创造条件提高社会流动性

构建公平的教育机制，加大对弱势群体的支持力度，确保每个成员平等地享有受教育的机会。在义务教育阶段，推进教育资源均等化。在高等教育阶段，加大对低收入家庭子女的支持力度。发展职业教育，建立市场导向的人员培训机制。创造条件将三年制学前教育纳入义务教育体系，实施免费学前教育。消除就业市场中户籍、性别、家庭等先天性因素的影响，建立基于通过后天努力可以提升的教育水平、工作技能等因素的就业决定机制。继续推进户籍制度改革，消除就业市场中基于户籍的种种限制。建立面向中低收入家庭子女就学期间的实习补助和支持机制，避免学生在实习环节由家庭收入、社会关系网络差异造成的实习机会不均等。

五、高度重视收入分配的新问题

随着全球化进程和新一轮产业变革加快，一些新问题、新矛盾会不断产生，使收入分配格局变得更为复杂，特别是对于人力资本不足的劳动者而言，就业及收入增长空间受到较大挤压，生活水平就可能出现较大波动。应密切关注这些新问题、新矛盾对收入分配带来的影响，从提升人力资本水平、健全就业服务体系、强化社会保障等多个方面，积极研究制定相应的应对举措，避免普通劳动者的收入水平及生活质量受到严重影响，引致收入分配矛盾的进一步激化。

第三节　扩大中等收入群体

中等收入群体通常是指一个经济体中收入达到中等水平、生活较为宽裕的群体。这个群体通常具有较为稳定的收入和较强的消费能力，受过良好的教育，主要从事专业性和技术性较强的工作。中等收入群体，是推动经济社会发展的中坚力量，是支撑高质量发展的人力资本基础，是释放消费红利的主力军，是构筑橄榄型社会结构的基础。

一、中等收入群体的界定

虽然各方面对中等收入群体在概念上有着大致相同的认识，但在具体界定上仍缺乏统一的衡量标准，有的基于消费和财富标准，有的基于绝对收入或相对收入标准，有的将绝对收入和相对收入标准结合起来，因而对中等收入群体规模和占比的测算往往存在很大差异。

国际上对中等收入群体的界定用得比较多的是世界银行“家庭人均每天支出10～100美元”的标准。但采用这一标准缺乏连续的统计数据，不便于进行不同时期、不同国家和地区的比较，加之不同国家和地区消费文化有差异，基于消费支出定义中等收入群体，难以真实反映中等收入群体规模，而且用绝对收入标准衡量中等收入群体也难以反映中等收入群体的动态变化。

我们以家庭人均可支配收入为基础数据，采用绝对收入和相对收入标准相结合的方式来定义中等收入群体。2018年我国中等收入群体总人数约为3.3亿人，占总人口的23.6%。如果到2035年实现倍增，就可以达到6.6亿人，占总人口的比重可以接近50%，这样我国就可以初步形成以中等收入群体为主体的橄榄型社会结构。

二、我国中等收入群体的主要特征

总体上看，我国中等收入群体成长快，但比重低，行业和地区分布不均，消费潜力大，消费结构正在向高端化、多样化、服务化升级。

（一）从总量看，我国中等收入群体成长快但比重仍偏低

改革开放以来，我国经济快速发展，2018年人均国民收入已超过9000美元。按照世界银行的标准，我国已步入中等偏上收入国家行列。随着经济发展和居民收入水平的提高，我国中等收入群体规模也在迅速扩大。按照我们对中等收入群体的定义，2000年我国中等收入群体接近300万人，此后加快增长，2010年突破1.6亿人，2018年达到3.3亿人，占总人口的比重上升到23.6%。从国际比较看，我国中等收入群体占比仍明显低于发达国家水平，具有发展中国家的特征，社会结构仍呈现金字塔型。与发达国家相比，我国中等收入群体大部分是刚迈过中等收入下限的群体，层次相对偏低。

（二）从行业看，服务业中中等收入群体比重较高

在行业分布上，中等收入群体比重较高的行业主要是金融、教育、公共管理、科技研发、医疗、文化、体育、信息技术、租赁和商务服务等行业，其中金融、教育、公共管理等行业从业人员有40%～50%都为中等收入者。批发和零售业、制造业就业容量大，中等收入群体绝对规模大，但占本行业就业人员的比重分别仅为19.5%和12.8%。随着“机器替代人”的趋势不断强化，批发和零售业、制造业中的中等收入群体受到的冲击明显增大。从细分行业看，带有自然垄断属性的行业，中等收入群体比重较高，竞争充分的行业相对较低。

（三）从城乡看，中等收入群体以城市居民为主

我国中等收入群体中城市居民接近75%（见图7–1），农村居民略高于21%，农民工约为4%。城市居民中的中等收入群体占比明显高于农村居民和流动人口。从新获得城市户籍的人口看，具有稳定就业或接受城市教

育者，成为中等收入群体中一员的机会与城市居民大体相当，而因土地征用才拥有城市户籍的人口，由于缺乏稳定的收入来源和人力资本积累，成为中等收入群体中一员的比重与农民工大体相当。

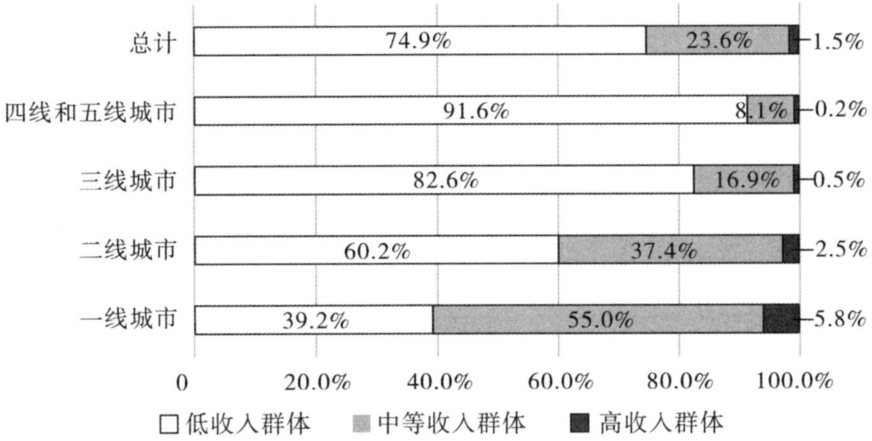

图7-1　不同类别城市中各群体比重

（四）从区域看，中等收入群体主要集中在东部地区

我国中等收入群体中约有60%集中在东部地区，中部和西部地区分布分别仅占全国的15.6%和22.6%。中等收入群体区域分布与经济发展水平大体一致。2018年，我国人均GDP高于全国平均水平的10个省、区、市中有9个为东部省份。从中等收入群体占本区域人口的比重看，东部地区人口中35%为中等收入者，而中部和西部地区这一比重分别仅为11.8%和19.7%。

（五）从教育看，进入中等收入群体的概率与受教育程度正相关

受教育水平是进入中等收入群体的重要因素。硕士研究生及以上学历者进入中等收入群体的比重为73.8%（见图7-2），比本科学历者高7.9个百分点；本科学历者进入中等收入群体的比重为65.9%，比大专学历者高出14.5个百分点；大专学历者进入中等收入群体的比重为51.4%，比职高/技校/中专学历者高13个百分点；高中学历者进入中等收入群体的比重为31.8%；而初中及以下学历者进入中等收入群体的比重远低于全国平均水平。

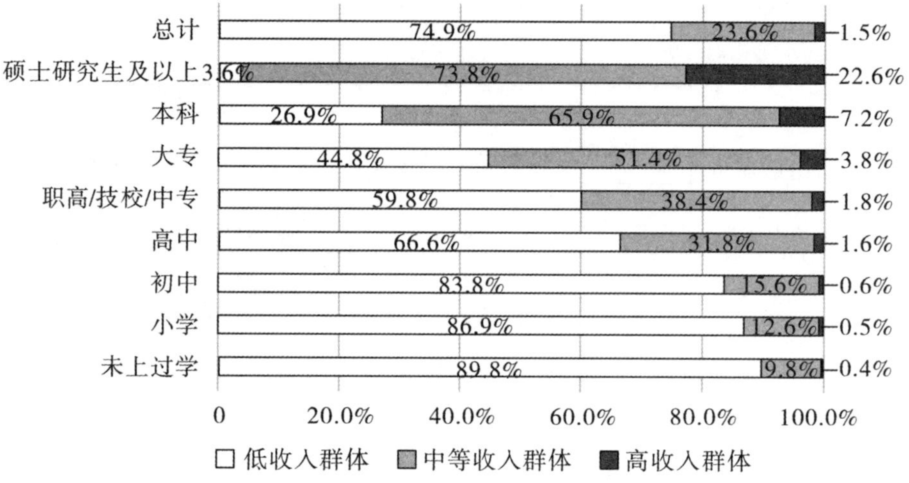

图7-2　不同教育水平人口中各群体比重

（六）从收入看，中等收入群体财产性收入比重呈上升趋势

我国中等收入群体主要是工薪阶层，收入来源以所从事职业或兼职取得的劳动报酬为主，但不动产、有价证券在收入中的比重不断提高。由于财产性收入有累积循环效应，中等收入群体对财产性收入的依赖程度呈上升趋势。

（七）从消费看，中等收入群体更加追求消费品质

中等收入群体的恩格尔系数比全国平均水平要低，服务消费特征更明显，享受型消费比重更高，更加追求个性化和品质消费，对商品和服务的品质和消费体验有更高要求，对新兴科技产品、高档消费品的需求增长更快。随着互联网的新业态、新模式不断涌现，中等收入群体的消费领域不断细分，零散小众的长尾需求逐渐获得满足，消费潜力进一步释放。

三、制约中等收入群体比重扩大的主要原因

我国中等收入群体比重偏低，有我国所处发展阶段的原因，更主要的是受到发展方式和体制机制的影响。

（一）从发展阶段看，我国仍处于工业化中后期

生产活动以低附加值劳动密集型制造业为主，服务业刚刚超过第二产业，但知识和技术含量高的专业服务业比重偏低，无法带来劳动生产率和工资水平的全面提升，导致劳动收入相对于资本报酬偏低。同时，高质量人力资本比重偏低，也影响到中等收入群体的扩大。虽然我国高等教育招生规模逐年扩大，现在每年已超过750万人，但由于人口基数大，总人口中接受过高等教育者的比重仍然很低。2017年抽样调查数据显示，我国具有大专及以上学历人口比重仅为13.9%，远低于OECD成员国的平均水平。

（二）从发展方式看，重物质资本轻人力资本的特征明显

长期以来依靠要素驱动的粗放型投入的发展方式，重投资轻消费、重生产轻生活。传统发展方式在推动我国经济快速增长的同时也带来了一系列问题。2018年，我国人均GDP达到9780美元，相当于美国的16%左右，人均国民收入水平相当于世界银行2017年高收入门槛的81%。但与此同时，初次分配中劳动者份额和居民最终消费占GDP比重仍然偏低。近年来，随着我国农村劳动力转移跨过刘易斯拐点，劳动年龄人口减少，劳动力供求关系发生转折性变化，初次分配中的劳动者份额有所提高，但这一份额仍处于较低水平，影响了中等收入群体的壮大。

（三）从体制政策看，我国要素市场发育仍然滞后

劳动力在城乡、区域、行业、垄断性国有企业和其他企业之间流动，还存在各种显性和隐性的体制障碍，一部分劳动者难以凭借自身条件流动到工资回报与自身能力相匹配的岗位。特别是农业转移人口市民化进程缓慢，难以获得与户籍人口均等的公共服务及相应的教育、就业和升迁机会，从而抑制了这一群体的收入和财富积累。劳动力流动的体制障碍，不仅扭曲了人力

资本配置，还严重抑制了劳动者对人力资本投资的积极性。再加上土地市场不健全，政府垄断土地一级市场，土地用途转化带来的增值收益过多用于城市基础设施建设，也导致农民的土地权益难以有效转化为实际收入。

四、扩大中等收入群体的主要路径和政策建议

要使中等收入群体倍增，需要采取综合性举措。今后一个时期，应聚焦重点人群和突出问题，采取有针对性的措施。

（一）以深化户籍制度改革和基本公共服务均等化为重点打通农业转移人口市民化的通道

促进农业转移人口在城市稳定就业和享有均等化基本公共服务，可以大幅提升农业转移人口进入中等收入群体的概率。要进一步推进户籍制度改革，全面取消城区常住人口300万以下的城市落户限制，全面放宽城区常住人口300万至500万的大城市落户条件，完善城区常住人口500万以上的超大特大城市积分落户政策，精简积分项目，确保社会保险缴纳年限和居住年限分数占主要比例。推进基本公共服务均等化，常住人口享有与户籍人口同等的教育、就业创业、社会保险、医疗卫生等基本公共服务。将符合条件的农民工纳入城镇住房保障范围。对于在城市稳定就业达到一定年限的农民工，在保障性住房上给予市民待遇。鼓励建设适合农民工租赁的租赁房，并逐步将公积金制度覆盖范围逐步扩大到在城市中有固定职业的农民工群体。

（二）以推进教育优先发展和保障教育公平为重点提升低收入群体进入中等收入群体的能力

发展教育和保障教育公平是促进低收入群体进入中等收入群体最直接、最有效的途径之一。要继续推进城乡义务教育一体化发展，实现县域内校舍建设、师资配备、生均公用经费基准定额等标准统一。落实国家学生资助政策，保障家庭经济困难学生、残疾学生等的受教育权利。健全以

居住证为主要依据的随迁子女义务教育入学政策，确保居住证持有人在居住地依法享受义务教育。继续实施支援中西部地区招生协作计划、重点高校招收农村和贫困地区学生专项计划，增加农村地区、贫困地区的学生接受优质高等教育的机会。通过工资制度鼓励教师均衡流动，缩小实际上存在的重点学校、名校和其他学校的差距。

（三）以职业技能培训和提高技术工人待遇为重点拓展产业工人进入中等收入群体的空间

职业技能培训和提高技术工人待遇是产业工人进入中等收入群体的重要渠道。要促进校企深度合作，切实提升职业教育质量，让职业院校的专业设置、师资队伍、教学方式与现代制造业的生产实践相对接，培养出技能精湛且能够满足现实需求的技术工人。提高技术工人的福利待遇和社会地位，让技术工人能够通过自身的人力资本获得体面的薪酬待遇。破除身份差别，让技术工人能够享受同等的职业发展权利和职业发展机会。推进职业资格与职称、职业技能等级制度有效衔接，推动实现技能等级与管理、技术岗位序列相互比照。鼓励用人单位设置首席技师、特级技师等岗位，建立技能人才聘期制和积分晋级制度。支持用人单位打破学历、资历等限制，将工资分配、薪酬增长与岗位价值、技能素质、实际贡献、创新成果等因素挂钩。

（四）以促进科技成果转化和完善激励机制为重点提高科技人员进入中等收入群体的比重

促进科技成果转化和完善激励机制，提高科技人员职务成果转化收益分享比例，是有效扩大和巩固中等收入群体的重要途径。要落实已出台的科技成果转化激励机制，实行以增加知识价值为导向的分配政策，加强对职务科技成果的产权激励，支持科技人员兼职或者离岗创业，从事科技成果转化活动。研究制定科技人员获得的职务科技成果转化现金奖励计入当年本单位绩效工资总量，但不受总量限制且不纳入总量基数的具体操作办法。在全社会形成崇尚科学、尊重科技人员的氛围，让科研工作成为高尚的、有吸引力的职业。

（五）以农村土地制度改革和宅基地流转为重点提高农民财产性收益

今后一个时期，提高中等收入群体的最大潜力在农民。在稳步推进土地规模化经营和农业经营现代化的同时，努力增加农民的财产性收入是提升农民进入中等收入群体比重的重要手段。要加快落实集体经营性建设用地入市改革，建设城乡统一的建设用地市场，允许农村集体经营性建设用地在符合用途管制和规划的前提下，实行与国有土地同等入市、同价同权。探索宅基地所有权、资格权、使用权“三权分置”改革，落实宅基地集体所有权，保障宅基地农户资格权和农民房屋财产权，适度放活宅基地和农民房屋使用权、交易权，重点结合发展乡村旅游、返乡下乡人员创新创业等先行先试，盘活利用农村闲置农民房屋和宅基地，促进城乡要素双向流动。

（六）以提高社会流动性和打破阶层固化为重点创造进入中等收入群体的公平机会

促进社会流动是低收入群体进入中等收入群体的重要条件，也是社会发展和进步的动力源。特别是在收入分配差距较大且短期内难以改善的条件下，保持比较高的社会流动性具有特殊重要意义。要建设统一开放、竞争有序的人力资源市场，保障城乡劳动者享有平等的就业权利，依法纠正身份、性别等就业歧视现象。发展新一代信息技术、高端装备、数字创意等新兴产业，实施传统产业智能化改造提升工程，提供更高质量的流动机会。积极落实国家关于创业创新方面的政策举措，鼓励劳动者通过创业实现个人发展，为有志青年提供更为广阔的发展空间和更加顺畅的流动渠道。

第八章

建设彰显优势、协调联动的城乡区域发展体系

城乡区域发展体系是现代化经济体系的空间基础。建设彰显优势、协调联动的城乡区域发展体系，要促进形成优势互补的区域协调发展新格局，提高新型城镇化发展水平，推动城乡融合发展。

第一节　促进形成优势互补的区域协调发展新格局

区域差异大、发展不平衡是我国的基本国情。要把握新阶段我国区域发展的新特征，坚持实施区域协调发展战略，健全区域协调发展新机制，促进形成优势互补的区域协调发展新格局。

一、辩证认识我国区域发展差距

我国区域差异大、发展不平衡，是由地理、经济等多重因素造成的。从自然地理的角度看，我国自东向西在地貌上呈现三大台阶，自然条件和资源禀赋存在较大差异。从经济地理的角度看，以胡焕庸线（从黑龙江黑河到云南腾冲）为界，该线的西北区域占全国总面积的64%，却仅仅居住着全国4%的人口；而该线的东南区域占全国总面积的36%，却集中了全国96%的人口。即便是在东南区域，人口和经济活动也相对集中在沿海地带、沿京广线、沿长江地带等主要轴带上。

从经济因素看，近年来区域经济增长分化态势趋于明显，原因是多方面的：一是人口净流入或净流出。人口净流入的省、市通常就业机会较多，经济增速相对较快，而人口净流出的省、区往往增速回落较大，比如，东北地区经济增速放缓与人口净流出是分不开的。二是基础设施特别是高速铁路网建设。截至2018年底，全国铁路营运里程达到13.1万公里，其中高铁2.9万公里，居世界第一位，这对区域经济增长格局变动有较大影响。三是内需市场份额提升。外需市场扩张放慢，内需市场扩张加快，为内陆一些人口较多、市场规模较大的省份加快发展创造了条件。四是对外开放空间拓展。推进“一带一路”建设，加快形成东西双向、陆海联动的开放格局，为中西部省份发展开放型经济创造了条件。比如，中欧班列

（渝新欧）开通，就明显改变了重庆的区位和开放条件，重庆资源整合和要素配置能力明显提升。五是比较优势区域转移。东部沿海地区生产要素成本上升较快，使内陆地区生产要素成本低的比较优势显现出来，促进沿海地区失去比较优势的产业加快向内陆地区转移。与此同时，能源资源等大宗商品相对价格水平下降，对资源型省、区的经济影响也较大。

在经济全球化时代，人们普遍认为“世界是平的”，但从区域经济视角看，世界永远都不是平的，经济发展有高地就必然有洼地，工业生产往往集聚在交通发达、物流通畅的沿海经济走廊和城市群，科技创新中心又集中在高端要素密集的大都市圈和中心城市。但随着交通改善、互联网发展和物流成本降低，内陆地区发展条件明显改善。比如在欧洲，瑞士、奥地利等内陆国家发展水平就很高。在我国，近年来成都、重庆、武汉、郑州、西安、贵阳等城市经济同样也实现了较快发展。

从辩证视角看，作为一个发展中大国，区域发展水平的落差往往可以增大发展的回旋空间，形成梯度推进和持续增长的动力。近年来，在沿海省、市经济增速放缓的同时，一些内陆省份经济发展明显提速，由此形成的对冲效应，使得我国由高速增长向中高速增长的转换过程变得更为缓和，并使我国具有在更长一个时期保持中速增长的潜力。

总之，推进区域协调发展，缩小区域差距，实现结果公平固然重要，但这是需要长期奋斗的目标。现阶段更重要的是最大限度地创造发展机会公平的环境，从而调动各地区的主动性、积极性、创造性，探索各具特色、符合本地区条件和环境的发展模式，促进各地区在推动经济发展和提高居民收入水平过程中逐步缩小区域差距。

二、新阶段我国区域发展的新特征

通常情况下，我们往往从东、中、西三大地带视角来分析区域差距，但高速增长阶段转入中高速增长阶段后，不仅东部和中西部地区发展态势在发生变化，经济增长南北分化的态势也趋于明显。即使处在相同地带，各省（区、市）经济增速也在分化，呈现出不同于以往的新特征。

（一）区域差距呈现重新扩大态势

区域经济理论认为，区域间发展水平差距通常呈现倒U曲线，区域差距往往先扩大、后缩小。但近年来的国际经验表明，区域差距变化还可能呈现双倒U曲线，即区域差距在经历先扩大、后缩小后，还可能再扩大。从全国发展态势看，2003年以来，我国人均GDP加权变异系数开始逐渐降低，区域差距不断缩小（见图8-1）。但2015年后区域差距重新开始扩大，这是21世纪以来首次出现区域差距扩大的现象。2017年区域差距扩大的趋势仍在继续。区域人均GDP加权变异系数由2014年的0.375上升至2017年的0.395。

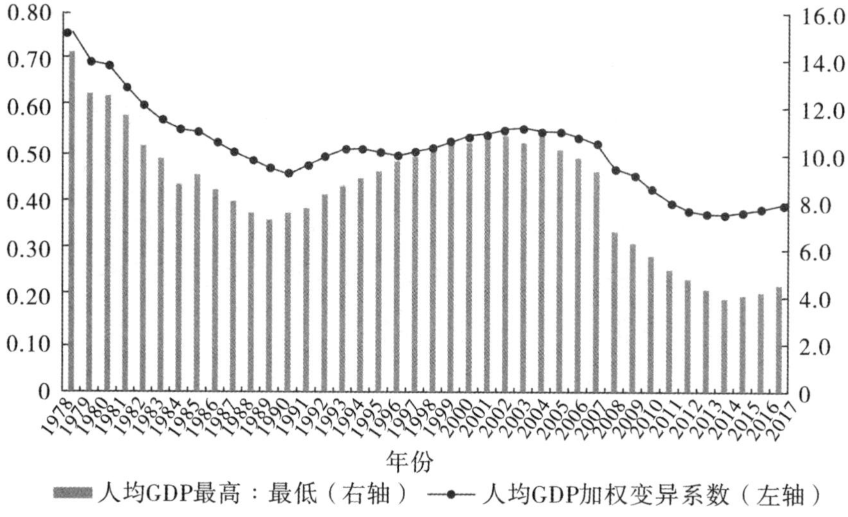

图8-1　区域差距的变化

数据来源：Wind数据库，作者计算得出。

（二）东部地区转型升级取得进展，但压力仍较大

东部地区外向型经济比重较高，加工贸易规模较大。国际金融危机爆发后，随着外部需求扩张放慢，东部省、市推动经济转型升级起步较早并取得初步成效，在经历一个时期的艰难调整后，经济增长呈现趋稳态势，但在研发投入、创新平台建设、人才培养和企业家精神培育等方面，与世界先进水平相比仍有差距，产业结构仍有待优化，转型升级仍面临较大压力。

（三）中西部地区面临“赶”与“转”的双重压力

中西部地区经济发展相对滞后，上游资源型产业比重较大，产业转型升级起步相对较晚，需要加快“追赶”进程，缩小与东部沿海地区的差距，但在“追赶”路径选择上必须摆脱传统发展模式，促进经济发展从规模速度型粗放增长向质量效率型集约增长转变，双重压力加大了转型的难度。

（四）经济增长南北分化态势趋于明显

近两年来，受资源型经济转型和传统产业产能过剩的冲击，东北、华北、西北的部分资源型、重化工主导的省份经济增速明显回落，财政收入和企业利润下滑，产业调整重组面临重重困难，债务负担压力沉重。全国经济重心进一步南移。2018年，北方地区经济总量占全国的比重为38.5%，比2012年下降4.3个百分点。

（五）经济和人口的空间极化现象日益突出

北京、上海、广州、深圳等超大城市大量集聚优质生产要素，发展优势不断增强，在全国经济总量中的比重明显提高，杭州、南京、武汉、郑州、成都、西安等大城市发展势头强劲，成为新兴区域增长极。与此同时，一批资源型城市、老工业基地，青壮年劳动力和高端人才外流，成为所谓的收缩型城市。

三、实施区域协调发展战略的重大意义

党的十九大从决胜全面建成小康社会，开启全面建设社会主义现代化国家新征程的新要求出发，明确提出要实施区域协调发展战略，对我国增强区域发展协同性、拓展区域发展空间、优化现代化经济体系空间结构、实现“两个一百年”奋斗目标，具有重大战略意义。

（一）增强区域发展协同性的重要途径

区域协调发展战略是经济社会发展战略的重要组成部分。1999年以来，我国逐步形成西部开发、东北振兴、中部崛起、东部率先的区域发展总体战略。党的十八大以来，以习近平同志为核心的党中央统筹内外、着眼全局，提出了京津冀协同发展、长江经济带发展、粤港澳大湾区建设、长三角一体化发展、黄河流域生态保护和高质量发展等重大国家战略，推动形成东西南北纵横联动区域发展新格局。实施区域协调发展战略，根据我国社会主要矛盾变化，立足于解决发展不平衡不充分问题，以全方位系统化视角提升各层面区域战略的联动性和全局性，提高区域发展的协同性和整体性，有助于进一步开创我国区域协调发展新局面。

（二）拓展区域发展空间的内在要求

随着大规模基础设施特别是高速铁路网和通信网的建设，我国区域间互联互通达到前所未有的水平，为从整体上形成东西南北纵横联动区域发展新格局创造了条件。城镇化进程加快，推动城市群和大都市圈在经济社会发展中扮演越来越重要的角色。与此同时，海洋经济迅猛发展，拓展蓝色经济空间的重要性日益显现。实施区域协调发展战略，将区域、城乡、陆海等不同类型、不同功能的区域纳入国家战略层面统筹规划、整体部署，推动区域互动、城乡联动、陆海统筹，对于优化空间结构、拓展区域发展空间具有重大战略意义。

（三）优化现代化经济体系空间结构的客观需要

区域经济是国民经济体系的重要组成部分。我国已从高速增长阶段转向高质量发展阶段，区域经济发展必须加快转变发展方式、优化经济结构和转换增长动力。实施区域协调发展战略，推动各区域充分发挥比较优势，深化区际分工；促进要素有序自由流动，提高资源空间配置效率；缩小地区间基本公共服务差距，使各地区群众享有均等化的公共服务；推动各地区依据主体功能定位发展，促进人口、经济和资源、生态的空间均衡，进而实现各区域更高质量、更有效率、更加公平、更可持续的发展，将对优化现代化经济体系空间结构、提高我国经济发展质量和效益发挥重要作用。

（四）实现“两个一百年”奋斗目标的重大举措

当前，我国正处在“两个一百年”奋斗目标的历史交汇期。全面建成小康社会，要突出抓重点、补短板、强弱项。实施区域协调发展战略，紧紧抓住集中连片特殊困难地区这个重点、农村贫困人口脱贫这个短板，坚决打好精准脱贫攻坚战，确保到2020年我国现行标准下农村贫困人口实现脱贫、贫困县全部摘帽、解决区域性整体贫困问题，让贫困人口和贫困地区人民同全国人民一道进入全面小康社会。到2020年全面建成小康社会后，开启全面建设社会主义现代化国家新征程，要继续实施区域协调发展战略，促进各地区协同推进现代化建设，努力实现共同富裕。

四、实施区域协调发展战略的主要任务

实施区域协调发展战略，要着眼于实现基本公共服务均等化、基础设施通达程度比较均衡、人民生活水平大体相当，进一步增强西部开发、东北振兴、中部崛起、东部率先的区域发展总体战略与京津冀协同发展、长江经济带发展、粤港澳大湾区建设、长三角一体化发展、黄河流域生态保护和高质量发展等重大国家发展战略的协同性，努力体现各战略推进的精准化、差别化导向，解决发展不平衡不充分的突出问题。

（一）加大力度支持老少边穷地区加快发展

老少边穷地区是我国特殊类型困难地区。党的十八大以来，我国采取一系列举措，推动贫困地区脱贫攻坚，支持革命老区开发建设，促进民族地区健康发展，推进边疆地区开发开放，老少边穷地区面貌发生明显变化。今后一个时期，要加大力度支持老少边穷地区改善基础设施条件，提高基本公共服务能力，培育发展优势产业和特色经济，加强生态环境建设，真正为其加快发展创造条件。需要指出的是，我国陆地边境线长约2.2万公里，与14个国家接壤。随着“一带一路”建设加快推进，边疆地区在

区域协调发展格局中的重要性日益凸显。要加快边疆少数民族地区经济社会发展，提升沿边开发开放水平，加强边境地区基层治理能力建设，巩固和发展民族团结进步事业，确保边疆巩固、边境安全。

（二）强化举措推进西部大开发形成新格局

实施西部大开发战略以来，西部地区开发建设取得重大进展。党的十八大以来，西部地区参与“一带一路”建设和推进长江经济带发展，增强了与沿海地区的经济联系，拓展了西部地区开放合作空间。今后一个时期推进西部大开发，要充分发挥“一带一路”建设的引领带动作用，加大西部开放力度，加快建设内外通道和区域性枢纽，完善基础设施网络，提高对外开放和外向型经济发展水平。加快培育和发展符合西部地区比较优势的特色产业和新兴产业，增强产业竞争力。加强生态环境建设，筑牢国家生态安全屏障。

（三）深化改革加快振兴东北地区等老工业基地

实施东北地区等老工业基地振兴战略以来，东北地区经济发展取得明显进展。近两年来，受深层次体制性因素影响，东北地区发展面临新的困难和挑战。加快振兴东北地区等老工业基地，必须从深化改革上找出路，加快转变政府职能，减少政府对市场主体的不合理干预。深化国有企业改革，真正确立国有企业的市场主体地位，增强市场竞争力。积极改善营商环境，促进民营经济发展。进一步扩大开放，以开放推动改革不断深化，加快形成有活力的体制机制，促进东北地区再创新辉煌。

（四）发挥优势推动中部地区崛起

中部地区具有连接东西、贯通南北的区位条件和产业体系较为完整的优势。推动中部地区崛起，要进一步发挥优势，加强综合立体交通枢纽和物流设施建设，发展多式联运，构建现代综合交通体系和物流体系。加快建设现代产业体系，依托功能平台承接产业转移，发展现代农业、先进制造业和战略性新兴产业，培育一批具有国际竞争力的产业集群。加快发展内陆开放型经济，全面融入“一带一路”建设，积极开展国际产能和装备制造合作。

（五）创新引领率先实现东部地区优化发展

东部地区是我国经济发展的先行区，对全国经济发挥着重要的增长引擎和辐射带动作用。东部地区要率先实现优化发展，必须加快在创新引领上实现突破，充分利用创新要素集聚的特殊优势，打造具有国际影响力的创新高地。率先实现产业升级，引领新兴产业和现代服务业发展，打造全球先进制造业基地。率先建立全方位开放型经济体系，更高层次地参与国际合作和竞争，增创扩大开放新优势。

（六）以疏解北京非首都功能为“牛鼻子”推动京津冀协同发展

推动京津冀协同发展，核心是疏解北京非首都功能，根本是要健全区域协调发展新机制，走出一条中国特色解决“大城市病”的路子。要加快北京城市副中心建设，优化空间格局和功能定位。推进交通、生态、产业三个重点领域率先突破，构建一体化现代交通网络，扩大环境容量和生态空间，优化产业布局，建设京津冀协同创新共同体。规划建设雄安新区，是深入推进实施京津冀协同发展战略、积极稳妥有序疏解北京非首都功能的一项重大决策部署，要坚持“世界眼光、国际标准、中国特色、高点定位”的理念，高起点规划、高标准建设，努力将雄安新区打造成为贯彻新发展理念的创新发展示范区。

（七）以共抓大保护、不搞大开发为导向促进长江经济带发展

长江经济带横贯东西、辐射南北、通江达海，是我国人口、经济、产业最为密集的经济轴带。近年来，随着开发强度增大，长江经济带生态环境形势日趋严峻，必须把修复长江经济带生态环境摆在压倒性位置，共抓大保护，不搞大开发，实施好长江防护林体系建设等生态保护修复工程，建设沿江绿色生态走廊。在此基础上，以畅通黄金水道为依托，建设高质量综合立体交通走廊，推进产业转型升级和新型城镇化建设，优化沿江产业和城镇布局，实现长江上中下游互动合作和协同发展。

（八）推进粤港澳大湾区建设

粤港澳大湾区是我国开放程度最高、经济活力最强的区域之一，在国家发展大局中具有重要战略地位。推进粤港澳大湾区建设，有利于丰富“一国两制”实践内涵，进一步密切内地与港澳的交流合作，为港澳经济社会发展以及港澳同胞到内地发展提供更多机会，保持港澳长期繁荣稳定。要深化粤港澳互利合作，进一步建立互利共赢的区域合作关系，推动区域经济协同发展，打造具有全球影响力的国际科技创新中心、“一带一路”建设的重要支撑区、内地与港澳深度合作示范区和宜居宜业宜游的优质生活圈，建设富有活力和国际竞争力的一流湾区和世界级城市群。

（九）加快推进长三角一体化发展

长三角地区是我国经济发展最活跃、开放程度最高、创新能力最强的区域之一，在国家现代化建设大局和全方位开放格局中具有举足轻重的战略地位。推动长三角一体化发展，增强长三角地区的创新能力和竞争能力，提高经济集聚度、区域连接性和政策协同效率，对引领全国高质量发展、建设现代化经济体系意义重大。加快推进长三角一体化发展，要加强协同创新产业体系建设，提升基础设施互联互通水平，强化生态环境共保联治，加快实现公共服务便利共享，推进更高水平协同开放，创新一体化发展体制机制，建设长三角生态绿色一体化发展示范区和中国（上海）自由贸易试验区临港新片区，努力提升配置全球资源能力和增强创新策源能力，建成我国发展强劲活跃增长极。

（十）推动黄河流域生态保护和高质量发展

黄河流域是我国重要的生态屏障和重要的经济地带，是打赢脱贫攻坚战的重要区域，在我国经济社会发展和生态安全方面具有十分重要的地位。推动黄河流域生态保护和高质量发展，要加强生态环境保护，保障黄河长治久安，推进水资源节约集约利用，改善人民群众生活。三江源、祁连山等生态功能重要的地区主要是保护生态，涵养水源，创造更多生态产品。河套灌区、汾渭平原等粮食主产区要发展现代农业。区域中心城市等经济发展条件好的地区要集约发展，提高经济和人口承载能力。贫困地区要完善基础设施和提高公共服务水平，全力保障和改善民生。积极参与共建“一带一路”，提高对外开放水平，以开放促改革、促发展。

五、建立更加有效的区域协调发展新机制

落实区域协调发展战略，要建立更加有效的区域协调发展新机制，充分发挥市场配置资源的作用，促进东部地区产业有序向中西部地区转移，推进区域间基本公共服务均等化，创新区域合作和区际补偿机制。

（一）充分发挥市场配置资源的作用

过去一个时期，在市场机制的作用下，较大规模的“人口东移”和“产业西进”成为促进区域协调发展的重要途径。当前，劳动力、资本、技术、人才等生产要素跨区域流动还受到多重约束。一方面，中西部农村转移到东部城镇就业的人口还难以在就业地落户并享受与当地居民相同的基本公共服务，仍没有完全实现市民化；另一方面，东部地区的资本、技术和人才进入中西部地区也往往受到营商环境不佳、交易成本较高等因素制约。要通过深化改革、加快全国统一市场建设来促进要素有序自由流动，进而继续推动“人口东移”和“产业西进”，进一步发挥市场机制在促进区域协调发展中的积极作用。

（二）促进东部地区产业有序向中部、西部地区转移

产业转移有利于拉长产业的生命周期，加快内陆地区工业化进程。比如，重庆成为全球最大的电脑生产基地之一和国内重要的汽车生产基地，就与近年来吸纳产业转移是分不开的。产业转移是成本倒逼、拓展市场和政策引导等多种因素共同作用的结果，也需要相应的配套能力和人力资本条件，但更重要的是当地的营商环境，这涉及市场的公平性、透明度、交易成本等。中西部地区的要素成本较低，但往往交易成本较高，如果较低的要素成本不足以抵消较高的交易成本，对产业转移就难以形成吸引力。

产业转移还要与中西部地区产业转型升级结合起来，以及与促进可持续发展结合起来。

（三）促进区域间基本公共服务均等化

加大财政转移支付和政策扶持力度。中西部欠发达地区财力不足，有些地方政府公共支出捉襟见肘，需要扩大中央政府财政转移支付规模，提高当地的公共服务水平，逐步缩小与东部发达地区公共服务水平的差距。在符合其他必要条件的前提下，尽可能将公共事业机构、设施和项目安排到欠发达地区，发挥更广泛的带动作用。加快建立全国统筹的社会保障体系。社会保障体系在全国实行统一的制度规定，有利于劳动力跨区域流动，也有利于农业转移人口在就业地落户，加快市民化进程。

（四）创新区域合作和区际补偿机制

完善区域互助机制。按照优势互补、互利共赢的原则，支持开展多层次、多形式、多领域的区域合作，支持产业跨区域转移和共建产业园区等合作平台，鼓励创新区域合作的组织保障、规划衔接、利益协调、激励约束、资金分担、信息共享、政策协调和争议解决等机制。完善发达地区对欠发达地区的对口支援制度。创新帮扶方式，加大教育、科技、人才等帮扶力度，增强欠发达地区自身的发展能力，促进对口支援从单方受益为主向双方受益深化。建立健全区际补偿机制。要建立健全流域上中下游横向生态保护补偿机制，建立资源开采地区与资源利用地区之间的利益补偿机制，促进区际利益协调平衡。

第二节　提高新型城镇化发展水平

城镇化是生产要素在区域空间合理积聚的过程，促进区域协调发展必须以城镇化为载体。提高新型城镇化发展水平，核心是推进高效、包容、可持续的新型城镇化，全面提高城镇化质量，提升城市治理现代化水平。

一、新型城镇化建设取得积极进展

改革开放以来，我国经历了人类历史上规模最大、速度最快的城镇化发展历程，但城镇化发展主要以数量和规模扩张为主要特征，城镇化质量不高。为此，《中共中央 国务院印发〈国家新型城镇化规划（2014—2020年）〉》提出"走中国特色新型城镇化道路、全面提高城镇化质量"。实施新型城镇化战略以来，在提高户籍人口城镇化率、改善城市基础设施和公共服务，以及推动城市群发展等方面都取得了积极进展。

（一）户籍人口城镇化进程加快

2012年末，我国常住人口城镇化率达到52.57%，首次超过世界平均水平。到2018年末，常住人口城镇化率达到59.58%，比2012年提高7.01个百分点，年均提高1.17个百分点。这个时期，户籍人口城镇化进程快于常住人口城镇化进程。2018年底，全国户籍人口城镇化率达到43.37%，比2012年末提高8.04个百分点，年均提高1.34个百分点。

（二）基础设施完善程度和公共服务水平大幅提升

交通基础设施建设突飞猛进，城市水、电、路、气、信息网络、公园绿地等显著改善。覆盖城乡的社会保障体系进一步健全，2018年末，全国参加城镇职工基本养老保险人数为4.18亿人，参加失业保险人数为1.96亿人，参加工伤保险人数为2.39亿人，基本养老保险覆盖超过9亿人，医疗保险覆盖超过13亿人，基本实现全民医保。

（三）城市群建设取得明显进展

长三角城市群、珠三角城市群继续发挥创新引领和率先转型的重要作用，城市产业分工效率日益提高，创新协同效应日益增强。京津冀城市群加快规划建设北京城市副中心和雄安新区，推动京津冀协同发展取得新进展。长江中游城市群、成渝城市群、中原城市群等一批新的区域增长极加快兴起。

（四）体制机制建设取得积极进展

推进户籍制度改革，降低农业转移人口进城落户门槛，推广实施居住证制度，扩大居住证覆盖面，提高居住证含金量。规范推进城乡建设用地增减挂钩，加快推进城镇低效用地再开发，加快推进包括农村土地承包经营权、宅基地使用权和集体建设用地使用权、房屋所有权等的确权登记颁证，探索进城落户农民“三权”自愿有偿退出机制。按照“边试点、边突破，边总结、边推广”的工作思路，开展新型城镇化的综合改革试点。

二、面临的主要问题

在看到新型城镇化取得积极进展的同时，也应清醒地认识到，新型城镇化还面临着诸多问题，主要是城镇化效率不高、包容性不强、可持续性不足。

（一）城镇化效率不高

长期以来，我国城镇化进程受到等级化城镇管理和与之对应的公共服务体系的深刻影响，不同行政等级的城市获取公共资源和提供公共服务的能力差异较大，优质资源在不平等的竞争环境下，自发向行政等级高的大城市集聚，导致城市规模结构不合理，“大城市病”与“中小城市发展能力不足”并存。行政等级高的大城市，公共资源过度集中，提高了城市规模最优化的隐性成本，造成了一系列“大城市病”，限制了大城市周边中小城市的发展空间及其发挥分担大城市功能的作用。经济体量较大的中小城市，机构设置和事权配置等与经济总量不匹配，出现“小马拉大车”的情况，发展潜力受到明显制约。

（二）城镇化包容性不强

城镇化的核心是人的城镇化。在传统城镇化模式下，农业转移人口难以与城市居民平等享受城市的基本公共服务。这种模式虽然有助于集中资源发展生产，但不利于发展成果的共享，阻碍了人的城镇化。我国常住人口城镇化率与户籍人口城镇化率相差甚远，2018年末户籍人口城镇化率达到43.37%，虽较2012年末提高8.04个百分点，但仍与常住人口城镇化率相差16.21个百分点，依然有2.2亿没有获得城市户籍的常住人口不能享受与城市居民平等的基本公共服务和权益。与老一代农民工相比，新生代农民工有更强烈的意愿在城市定居。由于难以在教育、就业、养老等方面享受与城镇居民同样的基本公共服务，外来人口难以在城市扎根，农村留守老人、留守儿童问题已经成为社会治理面临的严峻挑战，并制约了我国人力资本的进一步积累。

（三）城镇化可持续性不足

地方政府过度依赖土地财政支撑大规模基础设施建设，由此会进一步推动房地产发展，带来更多的土地出让金，实现城镇建设资本积累的循环扩张。这种模式使得地方政府收入随着房地产市场变化出现较大波动，影响了城镇化的可持续性。近年来一些城市出现的交通拥堵、住房紧张、环境污染、事故灾害等问题，对城市可持续发展形成新的挑战。

三、提高新型城镇化发展水平

今后一个时期，我国城镇化进程将从高速转向中高速，城镇化发展方式将从规模扩张为主转向质量提升为主。提高新型城镇化发展水平，要着力提升城镇化质量，探索高效、包容、可持续的城镇化发展之路。高效，就是要以大带小，培育壮大城镇群，以城市群为主体构建城镇化格局，提高资源配置效率。包容，就是要稳步推进农业转移人口市民化，促进基本公共服务均等化，使城乡居民共享城镇化发展成果。可持续，就是要坚持节地节能、绿色低碳、和谐宜居，增强可持续发展能力。

（一）以城市群为主体构建城镇化格局

以城市群为主体推动新型城镇化，有利于提高资源的空间配置效率。要优化城镇化布局和形态，以大城市为依托，逐步形成辐射作用大的城市群，促进大中小城市和小城镇协调发展。强化城市群中大城市对周边中小城市的辐射和带动作用，逐步形成横向错位发展、纵向分工协作的发展格局。完善城市群协调机制，加快城际快速交通体系建设，推动城市间产业分工、基础设施、生态保护、环境治理等协调联动。积极挖掘现有中小城市发展潜力，优先发展区位优势明显、基础条件较好的中小城市；有重点地发展小城镇，把有条件的东部地区中心镇、中西部地区县城和重要边境口岸逐步发展成为中小城市。

（二）稳步推进农业转移人口市民化

农业转移人口市民化是推进新型城镇化的关键。党的十八大以来，中央提出到2020年实现约1亿农业转移人口落户城镇的目标，出台了推进户籍制度改革、实施居住证制度等举措。今后一个时期加快农业转移人口市民化，要深化户籍制度改革，降低落户门槛，拓宽落户通道，逐步把有稳定的劳动关系并已在城市居住一定年限的农民工及其家属转为城市居民。建立健全促进农业转移人口市民化机制，使他们平等享受教育、就业服务、社会保障、医疗、保障房等方面的基本公共服务。健全财政转移支付同农业转移人口市民化挂钩、城镇建设用地增加规模与吸纳农业转移人口落户数量挂钩、中央预算内投资安排向吸纳农业转移人口落户数量较多的城镇倾斜的“三挂钩”激励机制，鼓励有条件的城市吸纳更多农业转移人口落户。

（三）提高城镇可持续发展能力

建设安全经济、高效通达的快速客运系统，实现城市群内部和城市群之间的快速高效连接。优先发展城镇公共交通，提高公交出行比例。健全城镇基本公共服务体系，提高教育、医疗、社保、住房等的保障水平。推动构建绿色消费模式，发展节能节水产品、节能环保汽车和节能省地型住宅，提高能源资源利用效率。更新城镇管理理念，创新城镇管理方式，完善城镇治理结构，构建社区综合管理和服务平台，强化社区自治和服务功能。提高城镇管理的科学性和有效性，实现城镇可持续发展。

第三节　推进城乡融合发展

城乡发展不平衡、农业农村发展不充分是我国发展不平衡不充分的重要表现形式。区域发展差距的矛盾，本质上也是城乡发展差距的反映。中西部与东部的差距，主要表现为中西部农村落后于东部农村。21世纪以来，党中央就基于城乡发展不平衡问题，对城乡关系作出重大调整。2002年党的十六大提出统筹城乡发展，2007年党的十七大提出城乡一体化，2012年党的十八大以后，把城乡发展一体化作为党和国家的工作重心之一，2017年党的十九大明确提出建立健全城乡融合发展的体制机制和政策体系。从统筹城乡发展，到城乡发展一体化，再到城乡融合发展，反映了党中央对城乡发展不平衡问题的重视程度不断提高，体现了构建新型城乡关系战略思路的演进。

一、城乡二元经济结构及其体制性因素

城乡二元经济结构是长期以来制约我国经济社会发展的重要因素。近年来，我国现代农业发展进程加快，农业劳动生产率不断提高，城乡二元经济结构问题呈逐年改善趋势，但矛盾和问题仍然突出，关键还是制约城乡二元经济结构的诸多体制性问题尚未得到根本解决。

城乡二元经济结构是发展中国家在工业化进程中不可避免的一种历史现象。我国作为一个传统农业国家，在推进工业化的历史进程中，城乡二元经济结构的矛盾将长期存在。城乡二元经济结构的本质是城乡两种生产方式和生活方式并存。就生产方式而言，城市基本上实现了现代大工业生产方式，主要采用现代化生产和社会化管理，生产效率和市场化程度较高；农村总体上还是传统生产方式，主要采取手工劳动生产和以家庭及自然村落为单位的经营管理，生产效率和市场化程度较低。就生活方式而

言，城市已较大程度实现了与工业文明相适应的现代生活方式，农村很大程度上还受到农业文明时代延续下来的传统生活方式的影响。转变城乡二元经济结构，最根本的就是要以现代生产生活方式替代传统生产生活方式，促进城乡二元经济结构转化为现代经济社会结构。

改革开放以来，我国实行了一系列旨在促进城乡经济协调发展的改革举措和政策措施，但是，我国城乡二元经济结构的矛盾仍然突出。近年来农民人均纯收入增长快于城市人均可支配收入增长，城乡收入之比在1978年为2.57：1，2007年扩大为3.33：1，2018年缩小为2.69：1[①]。但如果考虑到城市居民享有的各种福利，而农民收入中包括生产经营支出等因素，城乡居民的实际收入差距仍然较大。城乡发展不平衡还表现在城乡要素流动不顺畅、公共资源配置不合理等。总体上看，影响城乡融合发展的体制机制障碍尚未根本消除，主要表现为以下几点。

（一）城乡管理体制有别

改革开放以来，在计划经济时期形成的城乡有别的户籍管理、劳动用工和社会福利制度在相当程度上被沿袭下来，尽管户籍制度等改革正在推进，但这些改革由于隐藏在背后的社会福利等诸多因素，需要支付的社会成本较高，进展还不大，城乡居民在就业机会和社会福利水平事实上的不平等还未根本改变。除了城乡二元户籍制度外，同时还存在城乡二元土地制度，这些都是城乡管理体制有别的具体表现形式。

（二）城乡要素流动不顺畅

从要素市场看：金融市场和资本市场因受利益驱动和农业平均利润率偏低，主要面向城市经济，农民参与金融市场和资本市场的条件和渠道都相对有限；农村土地转化为工业和城市建设用地必须通过国家征用转化为国有土地后才能进入市场，一级市场由国家控制，二级市场农民很难进

① 因统计变化，1978—2012年数据计算公式为“城镇居民家庭人均可支配收入/农村居民家庭人均纯收入”，2013—2018年数据计算公式为“全国城镇居民人均可支配收入/全国农村居民人均可支配收入”。

入，农民在土地交易中处于弱势地位，难以合理分享农地向非农地转化过程中形成的巨额增值收益。

（三）城乡公共资源配置不合理

改革开放后：一方面，农村的资本、劳动力和土地等生产要素在经济效益驱动下，向城市转移和集聚；另一方面，国家在基础设施和科教文卫等公共服务设施投入上向城市倾斜，由此带来城乡在基础设施和公共服务设施等各方面的差距不断扩大。

（四）农民进城门槛依然较高

虽然近年来，户籍制度以及城市就业、社会保障等制度改革改善了农民向城市流动的环境，也降低了农民在城市就业和居住的成本，但是促进农业转移人口落户城市的制度环境尚未完全形成，特别是城市的住房、子女教育等制度成为农业转移人口市民化的重要制约因素。

二、城乡融合发展的新内涵和新要求

城乡融合发展是对统筹城乡发展、城乡发展一体化战略的继承和升华，既具有鲜明的时代特征，也具有鲜明的目标导向、问题导向和价值导向。城乡融合发展是要全面推动城乡经济、社会、文化、生态、治理各领域的制度并轨、体制统一，加快城乡要素市场一体化，让生产要素在城乡之间双向流动，公共资源在城乡之间均衡配置，基础设施在城乡一体化中发展，促进乡村经济多元化发展和农民持续增收，充分发挥城乡各自的功能，形成工农互促、城乡互补、全面融合、共同繁荣的新型工农城乡关系。需要指出的是，城乡融合发展不是城乡一样发展，强调的是城乡之间的制度一体、市场统一、互联互通、机会均等。即使实现了城乡高度融合，城乡之间的差距、不同乡村之间的差距仍然存在，但这种差距主要是区位条件、人力资本等因素导致的客观差距，而不是城乡身份、所有制身份导致的制度性差距。

城乡融合发展既坚持统筹城乡发展的方法，坚持城乡发展一体化的目标，又有更高的要求。城乡融合发展在理念上：既重视城市集聚人口、集聚财富、集聚技术，带动经济发展的功能；又注重乡村是生态屏障，为居民提供农产品，具有传承历史文化等的功能。强调城市和乡村具有平等的地位，二者是相互补充、相互依赖、相互促进的关系，新型城镇化和农业农村现代化应该也能够同步发展。城乡融合发展在方法上，要求把城市和乡村作为一个整体统筹谋划，促进城乡在规划布局、要素配置、产业发展、公共服务、政府治理等方面相互融合和共同发展。城乡融合发展在政策要求上，强调农业农村优先发展，推动公共资源更多向乡村配置；注重城乡联动改革、扩大双向开放，实现要素在城乡之间自由流动和平等交换；更加重视推进乡村治理体系和治理能力现代化，缩小城乡治理能力差距。

三、健全城乡融合发展的体制机制和政策体系

推动城乡融合发展，要以体制机制和政策创新为突破口，改革不利于城乡融合发展的各项制度，从根本上消除阻碍城乡融合发展的体制和政策障碍。

（一）加快城乡要素自由流动和平等交换

由于城乡生产要素市场化水平不一样，农村的生产要素特别是土地、房产等还没有市场化或处于半市场化状态，城市要素市场对农村市场就会产生虹吸效应，农村的土地、劳动力、资本等资源源源不断流入城市，而城市的资源却流不进农村，长期单向流动的城乡市场，是导致城乡发展差距拉大的重要原因。要坚决破除妨碍城乡要素自由流动和平等交换的体制机制壁垒，促进各类要素更多向乡村流动，为乡村振兴注入新动能。健全农业转移人口市民化机制，推动农民工特别是新生代农民工融入城市。建立城市人才入乡激励机制，鼓励普通高校和职业院校毕业生、外出农民工及经商人员回乡创业兴业。加快完成房地一体的宅基地使用权确权登记颁证工作，探索宅基地“三权分置”改革，适度放活宅基地和农民房屋使用

权，建立集体经营性建设用地入市制度。完善乡村金融服务体系，创新中小银行和地方银行金融产品提供机制，开展农村集体经营性建设用地使用权、农民房屋财产权、集体林权抵押融资，以及承包地经营权、集体资产股权等担保融资。引导工商资本为城乡融合发展提供资金、产业、技术等支持。建立科研人员到乡村兼职和离岗创业制度，以及有利于涉农科研成果转化推广的激励机制与利益分享机制。

（二）促进公共资源在城乡之间均衡配置

缩小城乡之间公共服务水平的差距，是推进城乡融合发展的重要途径。推进公共资源在城乡之间均衡配置，就要推进公共财政向农村倾斜，公共服务向农村覆盖，社会事业向农村延伸，逐步建立城乡一体化基础教育体系、科技文化体系、公共医疗卫生体系、社会保障体系。建立城乡教育资源均衡配置机制，优先发展乡村教育事业，大幅度提高乡村教师待遇，增强岗位吸引力，推行城乡义务教育学校标准化建设。加强乡村医疗卫生人才队伍建设，改善乡镇卫生院和村卫生室条件。统筹城乡公共文化设施布局、服务提供、队伍建设，推动文化资源重点向乡村倾斜，提高服务的覆盖面和适用性。划定乡村建设的历史文化保护线，保护好农业遗迹、文物古迹、民族村寨、传统村落、传统建筑和灌溉工程遗产，推动非物质文化遗产活态传承。完善统一的城乡居民基本医疗保险、大病保险和基本养老保险制度。巩固医保全国异地就医联网直接结算。构建多层次农村养老保障体系，推进低保制度城乡统筹。

（三）推进城乡基础设施一体化发展

基础设施薄弱是乡村振兴的最大短板。推进城乡基础设施建设一体化，对于解决乡村基础设施薄弱、城乡基础设施差异大和共享性差等突出问题有重要意义。要把公共基础设施建设重点放在乡村，畅通人流、物流和信息流。明确乡村基础设施的公共产品定位，加大对乡村基础设施的投资力度，加快推动乡村基础设施提档升级。实现城乡基础设施统一规划、统一建设、统一管护。加强道路、供水、供电、信息网络、广播电视、防洪和垃圾污水处理等基础设施建设的城乡统筹规划，健全城乡基础设施一体化建设机制和统一管护运行模式，实现城乡共建、联网、共享。高度重视乡村交通网络的建设，打通跨村、跨乡、跨县的“断头路”，加强中心镇与高铁站等骨干交通节点的联系，真正让城乡之间的人员、商品流动起来。

（四）推动城乡互动实现融合发展

在现代化进程中，城镇和乡村各自具有不同的功能，城镇可以为乡村发展提供广阔的市场、要素支撑和技术支持。可以说城镇化水平越高，乡村的稀缺性就越强，城市对乡村的带动作用就越明显，乡村的价值和功能才更加显化。要推动城镇化与乡村振兴相互联动，“两条腿”同步走，实现城乡融合发展。完善城乡一体化的空间布局体系，推动产业、人口、设施在县城—集镇—中心村—居民点形成梯度联动。特别是要加强集镇建设，当好乡村商品进城和城市资源下乡的中转站，使城市辐射带动效应能够直达乡村。

（五）加快构建城乡融合的体制机制

城乡二元体制是制约城乡要素流动和平等交换的根本性制度因素。促进城乡融合发展，必须推动城乡联动深化改革，进一步破除城乡二元体制。既要深化农村土地产权制度改革，增强开放性和流动性，又要健全城市科技、人才、资本下乡的激励机制，促进更多要素向乡村流动。特别要为人口双向流动创造更好的制度环境，既要提升进城农民工的公共服务水平，也要解决城里人在乡村的公共服务问题。比如，城市老年人在乡村养老、医疗问题，乡村新就业人员、专业人才参加城市社保问题，乡村创业人员的子女教育问题等。要加快推进城乡公共服务均等化，依托城镇改善乡村医疗、教育条件，完善面向乡村的异地就医结算、异地参保体系，改善乡村人居环境，更好地吸引城市市民下乡、农民工返乡、“新乡贤”回乡，吸引更多的人才、凝聚更多的人气，促进乡村振兴。

第四节　加强陆海统筹和整体优化

我国是一个陆海兼备的发展中大国，海洋在国家发展全局和对外开放中具有十分重要的地位，必须坚持陆海统筹和整体优化。

一、海洋经济发展取得显著成就

改革开放40多年来，我国海洋经济快速发展，2018年全国海洋生产总值83415亿元，比上年增长6.7%，海洋生产总值占国内生产总值的比重为9.3%[①]。海洋经济产业结构不断优化，新兴产业和新业态快速成长，海洋经济的“引擎”作用持续发挥，为国家经济发展和对外开放做出了巨大贡献。

（一）海洋经济转型升级取得进展

海洋生物医药业、海洋电力业等新兴产业增速领先，海洋渔业、船舶制造等传统产业加快提升改造，滨海旅游业、海洋交通运输业等服务业创新发展并领跑海洋经济。京津冀、长三角、珠三角等区域凭借海洋经济优势不断焕发新的活力，海洋经济已成为陆海联动开放格局中的重要一环。

（二）科技兴海取得突破

近年来，我国海洋科技创新推动海洋事业发展的引擎效应凸显。“蛟龙号”达到世界应用型载人潜水器最高水平，海水淡化技术、波浪能和潮流能发电、系列海洋卫星等跻身国际领先或先进行列。南海神狐海域天然气水合物试采成功，标志着中国成为世界首个成功试采海域天然气水合物的国家。

---

① 自然资源部海洋战略规划与经济司：《2018年中国海洋经济统计公报》. http：//gi.mnr.gov.cn/201904/t20190411_2404774.html，访问日期：2019年4月11日。

（三）推进生态管海成效显现

海洋主体功能区制度逐步落地，海岸线保护与利用、围填海管控、海域和无居民海岛有偿使用等机制加快建立，海洋空间规划约束和资源集约节约利用不断强化，“生态+海洋管理”新模式不断完善。湾长制、海洋资源环境承载能力监测预警等改革试点顺利开展，蓝色海湾、生态岛礁等大工程统筹实施，海洋生态环境治理成效显著。

（四）国家海洋权益有效维护

通过加强对话磋商、深化互利合作、灵活运用规则，开展法理维权，正确引导舆论，实施有效管控，妥善应对周边各种海上风险和复杂局面，为我国经济社会发展赢得和平稳定的环境。实施海洋“走出去”战略，拓展发展新空间，加强双多边海洋合作，维护我国海外利益和海洋合法权益。

二、加强陆海统筹，推动陆海经济一体化发展

充分发挥陆海统筹的战略引领作用，大力构建现代化海洋经济体系，建立和完善陆海统筹的空间规划体系，协同推进丝绸之路经济带和21世纪海上丝绸之路建设，构建陆海空间良性互动、陆海经济一体化发展的新格局。

（一）构建现代化海洋经济体系

加快发展海洋经济，优化海洋产业结构，促进海洋经济高质量发展。加快改造海洋渔业、船舶制造等传统产业；积极推进南海神狐海域天然气水合物、海底矿物商业化开采，加快培育海洋生物、海水淡化与综合利用、海洋可再生能源、海洋工程装备研发与应用等新兴产业；高起点发展海洋休闲娱乐、涉海金融等新兴海洋服务业，完善涉海金融服务体系。发挥舟山群岛新区、青岛西海岸新区等以海洋经济为主题的国家级新区平台作用，加快东部沿海地区自由贸易试验区建设，探索建设中国特色自由贸

易港。

（二）统筹陆域开发与海域利用

牢固树立大生态、大空间、大保护的理念，统筹推进海岸带和海岛开发建设，统筹近海与远海开发利用，优化海洋开发和保护格局。明确海洋国土在空间规划体系中的地位，探索规划对象、规划功能和规划用途管制一体化格局，构建陆海统筹的国土空间开发与管制框架体系，构建陆海资源、产业、空间互动协调发展新格局。

（三）保护海洋生态系统

海洋为人类提供着丰富的物质财富，是人们生产、生活和运输活动的重要空间和载体。近年来，伴随深海环境、气候变化等领域的研究不断取得新进展，人们对海洋生态环境保护价值的认识水平不断提升，合理有度开发利用海洋资源、保护海洋生态环境已成为世界各国的共识。坚持陆海统筹，要牢固树立发展和保护相统一的理念，实施以海洋生态系统为基础的综合管理，加大对海岸带、沿海滩涂的保护和开发管理力度。建立和完善自然资源资产产权制度，落实资源总量管理和全面节约制度、资源有偿使用和生态补偿制度，让绿色发展理念从陆地向大洋延伸，守护好海洋这片蓝色国土。

（四）加强海洋高新技术研发

海洋竞争实质上是高科技竞争，海洋开发的深度取决于科技水平的高度。近年来，围绕海洋展开的国际竞争日益激烈，深海和极地探测，海底天然气水合物、大洋多金属结核等矿产资源勘查开发，海底隧道等海洋工程技术及装备制造，海水种植和综合利用，海底光缆和通信技术等，已成为全球高新技术竞争的新领域。坚持陆海统筹，要加强海洋高新技术研发，抢占关键领域高新技术制高点，在全球高科技竞争中掌握主动权。

（五）推进陆海统筹全面开放

在新的时代条件下，推进“一带一路”建设国际合作，要着力打通内陆开放、向西开放通道，畅通海上开放通道，在提升向东开放水平的同时，加快向西开放步伐，推动内陆沿边地区成为开放前沿，实现开放空间逐步从沿海、沿江向内陆、沿边延伸，构建全方位、多层次、复合型的互联互通网络，推动建立统一的全程运输协调机制，促进国际通关、换装、多式联运有机衔接，逐步形成兼容规范的运输规则，实现国际运输便利化。大力推动口岸基础设施建设，畅通陆海联运通道，推进港口合作建设，增加海上航线和班次，加强海上物流信息化合作，形成陆海统筹、东西联动的全面开放新格局。

第九章

建设资源节约、环境友好的绿色发展体系

绿色发展是建设现代化经济体系的内在要求，是解决环境污染问题的根本之策。当前和今后一个时期，我国正处在环境库兹涅茨曲线的拐点期，必须坚持走绿色发展之路，建设资源节约、环境友好的绿色发展体系，努力形成人与自然和谐发展的现代化建设新格局。

第一节　改革开放后中国绿色发展转型取得的进展

绿色转型是指经济发展摆脱对高消耗、高排放和环境损害的依赖，转向经济发展与资源节约、排放减少与环境改善相互促进的绿色发展方式。绿色转型不是对传统工业化模式的修补，而是发展方式的革命性变革。

改革开放以来，中国经济高速增长，取得了举世瞩目的成就，同时也带来了资源、能源消耗和主要污染物排放的迅速增加。2018年，中国能源消费总量达到46.4亿吨标准煤，是1980年的7.7倍。1990—2017年，中国工业部门的能源消耗增加约4.4倍。伴随工业迅猛扩张，主要污染物排放也大量增加。2017年工业固体废物产生量约为33.2亿吨，比1990年增加了5.7倍。这种以资源、能源和环境质量损耗为代价的经济增长，透支经济增长的质量和效益，形成巨大的环境压力。在改革开放和经济建设的进程中，中国确立了保护环境的基本国策①，制定并实施可持续发展战略②，在推动经济发展中探索绿色转型之路。党的十八大以来，中国把生态文明建设作为统筹推进“五位一体”总体布局的重要内容，确立绿色发展是新发展理念的五大理念之一，加快推进顶层设计和制度体系建设，推动绿色转型取得新的进展。

一、产业结构调整为绿色转型创造条件

调整优化产业结构和提升产业链水平是绿色转型的重要途径。根据测算，产业结构调整对碳减排贡献率超过50%。改革开放以来，中国在加快

① 1983年底召开第二次全国环境保护会议，时任国务院副总理李鹏在会议上宣布：保护环境是中国必须长期坚持的一项基本国策。

② 1994年我国编制《中国21世纪议程——中国21世纪人口、环境与发展白皮书》，明确实施可持续发展战略。

推进工业化的同时，大力推进结构调整，2012年服务业比重首次超过第二产业，成为国民经济第一大产业和经济增长的最大引擎。三次产业结构由1978年的27.7：47.7：24.6调整为2018年的7.2：40.7：52.2。与改革开放初期相比，第二产业比重下降7个百分点，服务业比重提高27.6个百分点。预计2020年和2030年第二产业比重将分别下降至37%和30%左右，服务业比重将分别上升至56%和66%左右。在工业部门内部，淘汰煤炭、钢铁、水泥、平板玻璃、电解铝等行业的落后过剩产能，加快传统产业绿色改造升级，更新工艺技术装备，降低能耗和排放。比如，有色金属工业全部淘汰落后的自焙槽电解铝生产工艺，水泥行业实现新型干法水泥基本全覆盖。大力培育新能源、节能环保、新一代信息技术、生物、新材料、新能源汽车等战略性新兴产业，发展绿色服务业，推行合同能源管理、合同节水管理，构建以绿色为特征的产业体系。近年来，中国积极推动智能制造发展，“互联网+”制造模式不断涌现，工业互联网已广泛应用于石油、石化、钢铁、家电、服装、机械、能源等行业，为制造业绿色转型提供了强劲动力。

二、能源结构调整和提高能效取得成效

中国以煤为主的资源禀赋特征决定了能源结构调整和现代能源体系建设在绿色转型中的重要性。近年来，能源结构调整取得进展，煤炭占一次能源消费比重由2012年的67.4%下降到2018年的59.0%。用能方式清洁低碳化进程加快，特别是煤炭清洁高效利用迈出实质性步伐，累计完成煤电超低排放改造7亿千瓦以上，提前完成2020年的目标；新建煤电机组全部为超低排放，煤电机组污染物排放控制指标已处于世界领先水平。“十一五”以来，中国将单位GDP能耗指标作为约束性指标，已连续纳入三个五年规划，推进工业、建筑、交通等重点领域节能降耗，能源利用效率大幅提升，单位GDP能耗呈现下降趋势。2005—2018年单位GDP能耗累

计降低41.5%，年均下降4.0%。2018年，全国单位GDP能耗下降到0.52吨标准煤/万元。清洁能源利用率大幅提高，水电、风电、太阳能发电装机容量分别达到3.5亿千瓦、1.8亿千瓦和1.75亿千瓦，均位居世界第一，非化石能源、天然气消费比重分别提升至14.3%、7.8%。中国已成为全球利用非化石能源的引领者。

三、资源节约和循环利用持续推进

资源节约和循环利用是绿色转型的重要体现。2002年中国制定第一部循环经济立法《中华人民共和国清洁生产促进法》，标志着污染治理模式由末端治理向全过程控制转变。此后，中国加快绿色循环低碳发展进程，强化约束性指标管理，实行能源和水资源消耗、建设用地等总量和强度双控行动，提高节能、节水、节地、节材、节矿标准。加强重点行业、重点企业、重点项目的节能减排，推行企业循环式生产、产业循环式组合、园区循环式改造，推动传统的“资源—产品—废弃物”的线性增长模式向物质闭环流动的可持续发展模式转换。实施近零碳排放区示范工程，主动实行碳排放的有效控制。推动实施资源节约利用行动计划，如实施万家企业节能低碳行动、绿色建筑行动、车船路港千家企业节能低碳行动，节约型公共机构示范、循环经济典型模式示范推广等，推动资源绿色低碳循环利用，不断拓展绿色发展新空间。

四、绿色科技创新和标准体系建设得到加强

科技创新能有效提升能源资源利用效率和集约化水平，是推动绿色转型的主要驱动力。改革开放以来，中国实施科教兴国战略，科技投入大幅增加。2014年中国超过日本和欧盟，成为全球第二大研发投入经济体，研发总支出占到全球的近1/4。2018年中国研发总支出接近2万亿元，占国内生产总值的比重达到2.19%，超过欧盟15国2.1%的平均水平。绿色技术的

研发投入大幅增加，1990—2014年，中国与环境相关的专利数量增加了60倍，而OECD国家仅增加3倍。国家知识产权局发布的《中国绿色专利统计报告（2014—2017年）》显示，2014—2017年，中国绿色发明专利申请量达24.9万件，年均增速高于中国发明专利申请总量年均增速3.7个百分点。与此同时，降低绿色技术的转移成本，推动绿色技术的示范和推广，促进节能减排、资源综合利用等新技术的利用，绿色科技创新日益成为绿色发展的原动力。此外，推进绿色技术研发与标准一体化，加强科技对标准制定的支撑作用，并动态提高行业绿色标准。如目前中国大规模火电机组的实际能耗和排放标准已达到世界先进水平。借鉴国际经验，建立统一的绿色产品标准、认证、标识体系。绿色技术发展和扩散，为中国的绿色转型提供了技术支撑。

五、绿色消费和绿色生活方式逐步推广

绿色消费对促进生产过程的绿色化和推动绿色发展具有重大作用。近年来，中国大力推广高效照明等绿色节能产品，鼓励选购节水龙头、节水马桶、节水洗衣机等节水产品，加大新能源汽车推广力度，加快电动汽车充电基础设施建设。2012—2016年，中国节能（节水）产品政府采购规模累计达到7460亿元。阿里零售平台绿色消费者人数在2012—2015年间增长了14倍，占活跃用户数的16%。据测算，2017年国内销售的高效节能空调、电冰箱、洗衣机、平板电视、热水器可实现年节电约100亿千瓦时，相当于减排二氧化碳650万吨、二氧化硫1.4万吨、氮氧化物1.4万吨和颗粒物1.1万吨。各地方开展创建绿色家庭、绿色学校、绿色社区、绿色商场、绿色餐馆等行动，倡导绿色居住，节约用水用电，合理控制夏季空调和冬季取暖室内温度，大力发展公共交通，鼓励自行车、步行等绿色出行，建立居民垃圾分类制度，鼓励居民广泛参与垃圾分类、废物回收利用。绿色生活方式促进绿色产品和服务供给，推动生产方式的绿色转型。

六、绿色金融和绿色服务市场加快兴起

发展绿色金融和绿色服务市场是绿色转型的必然要求。绿色金融有利于引导资金流向资源节约高效利用、环境改善和应对气候变化等领域，引导企业生产绿色环保产品。2016年8月，中国人民银行等七部委发布《关于构建绿色金融体系的指导意见》，推动金融业为环保节能、清洁能源、绿色交通、绿色建筑等领域提供金融服务。如绿色信贷与国家节能减排、循环经济专项相结合，优先支持绿色发展项目。2017年，国务院常务会议决定在浙江、江西、广东、贵州、新疆五省区设立绿色金融改革创新试验区，支持地方发展绿色金融。与此同时，中国积极推行用能权和碳排放权交易制度。在经过前期试点后，建立全国统一的碳排放权交易市场，并研究制定相应的监管规则，建立碳排放权交易市场监管体系。推行排污许可证制度，扩大排污权有偿使用和交易试点，为发展排污权交易创造条件。绿色金融发展、碳排放权交易和排污权交易市场的建立，为绿色转型提供了融资渠道和市场化工具。

七、污染防治力度空前加大

污染防治力度不断加大，在推动绿色转型中发挥重要作用。在“九五”时期首次制定《“九五”期间全国主要污染物排放总量控制计划》后，中国污染物总量控制纳入五年规划并从“十一五”起作为约束性指标。“十一五”规划纲要提出化学需氧量和二氧化硫两项主要污染物排放总量减少10%的约束性指标。“十二五”规划纲要中将实施总量控制的污染物扩大至化学需氧量、氨氮、二氧化硫、氮氧化物四种主要污染物，提出四项主要污染物排放总量分别减少8%、10%、8%、10%的约束性目标（见表9-1）。“十三五”规划纲要中，将空气质量、地表水质量指标纳入约束性指标。

表9-1　中国“十一五”“十二五”“十三五”规划中的环境目标

环境指标		“十一五”规划（2006—2010年）		“十二五”规划（2011—2015年）		“十三五”规划（2016—2020年）
		目标	实际减排	目标	实际减排	目标
主要污染物排放总量减少/%	二氧化硫	10	14.29	8	18	15
	化学需氧量	10	12.45	8	12.9	10
	氮氧化物	—	—	10	18.6	15
	氨氮	—	—	10	13	10
单位GDP能源消耗降低 / %		20	19.1	16	18.2	15
单位GDP二氧化碳排放降低 / %		—	—	17	20	18
非化石能源占一次能源消费比重/ %		—	—	11.4	12	15
万元工业增加值用水量下降/ %		30	36.7	30	35	20
万元GDP用水量下降/ %		—	—	—	—	23
水资源总消耗总量（十亿立方米）		—	—	—	—	<670
空气质量	地级及以上城市空气质量优良天数比率/ %	—	—	—	—	>80
	细颗粒物（$PM_{2.5}$）未达标地级及以上城市浓度下降/ %	—	—	—	—	18

续表

环境指标		"十一五"规划（2006—2010年）		"十二五"规划（2011—2015年）		"十三五"规划（2016—2020年）
		目标	实际减排	目标	实际减排	目标
地表水质量	达到或好于Ⅲ类水体比例/%	—	—	—	—	>70
	劣Ⅴ类水体比例/%	—	—	—	—	<5

注：①空气质量优良指达到空气质量指数中一级（0~50）和二级水平（50~100），监测范围为338个县级和县级以上城市。②空气质量评价覆盖全国338个城市（含地、州、盟所在地及部分省辖县级市，不含三沙和儋州）。③水环境质量评价覆盖全国地表水国控断面，断面数量由"十二五"期间的972个增加到1940个。

"十三五"时期，被称为"史上最严"的修订后的《中华人民共和国环境保护法》颁布实施，并实施《大气污染防治行动计划》《水污染防治行动计划》和《土壤污染防治行动计划》。党的十九大以后，把打好污染防治攻坚战作为决胜全面建成小康社会的三大攻坚战之一，生态环境质量趋于改善。2018年，全国338个城市平均优良天数比例为79.3%，比2015年提高2.6个百分点；重污染及以上天数比例为2.2%，比2015年降低1.0个百分点。温室气体排放大幅降低。2018年单位GDP二氧化碳排放比2005年降低45.8%，提前完成2020年单位GDP二氧化碳排放降低40%～45%的目标。地表水水质总体向好。2018年，全国地表水1935个水质断面（点位）中，Ⅰ～Ⅲ类水体比例为71.0%，比2016年上升3.2个百分点；劣Ⅴ类水体比例为6.7%，比2016年下降1.9个百分点。污染防治力度加大，改善了生态环境质量，为绿色转型创造了有利条件和环境。

八、绿色发展体制改革加快推进

推动绿色转型的关键在体制机制。党的十八大以来，中国制度出台频度之密、监管执法尺度之严前所未有。中共中央、国务院相继出台了《关于加快推进生态文明建设的意见》和《生态文明体制改革总体方案》，并制定了40多项涉及生态文明建设的改革方案，确立了生态文明体制的“四梁八柱”。各项改革任务进展总体顺利，自然资源资产产权制度改革积极推进，国土空间开发保护制度日益完善，空间规划体系改革试点全面启动，资源总量管理和全面节约制度不断完善，资源有偿使用和生态补偿制度持续推进，环境治理体系改革力度加大，生态文明绩效评价考核和责任追究制度基本建立。特别是建立国家生态环境保护督察制度，按照排查、交办、核查、约谈、专项督察的程序，开展了四批中央生态环境保护督察，实现31省（区、市）全覆盖，并对重点区域、重点领域、重点行业进行专项督察。监管执法力度加大，落实环境保护“党政同责”“一岗双责”，强化追责问责，严肃查处违法案件，推动解决一大批突出的环境问题。推进绿色发展的体制改革，为绿色转型提供更有效的制度保障。

第二节　我国推动绿色转型的有利条件和面临的严峻挑战

绿色转型是一项复杂的系统工程和长期任务，涉及经济、社会、科技进步和体制机制等各方面，需要付出长期艰苦不懈的努力。中国推动绿色转型，具有诸多有利条件，同时也面临诸多挑战。

一、我国推动绿色转型的有利条件

我国推动绿色转型的有利条件，主要是全社会形成广泛共识，具有绿色发展的后发优势和超大规模经济体优势，传统部门效率提升潜力巨大，新能源发展空间广阔。

（一）全社会形成广泛共识

绿色转型需要发挥市场机制的作用，但市场发挥作用的重要条件是政府有效履行公共职能和全社会形成广泛共识。中国把生态文明建设纳入“五位一体”总体布局之中，确立绿色发展的新发展理念，推进建设资源节约、环境友好的绿色发展体系，加之政府具有较强的执行力和全社会对绿色发展的高度共识，在推动绿色转型上形成强大合力。

（二）具有绿色发展的后发优势

由于中国工业化城市化起步较晚，发展水平相对较低，新增的工业产能和城市基础设施需求可以通过发展绿色产能和绿色基础设施来实现，避免传统工业化城市化模式带来的“锁定效应”[①]。比如，中国城市化进程尚未完成，2018年常住人口城镇化率接近60%，未来城市化率有可能超过80%，这意味着还将有2.8亿人口转入城市。推动绿色城市化不仅将为绿色

① “锁定效应”，是指基础设施、机器设备以及耐用消费品等的使用年限通常在10～50年，不大可能轻易废弃，既有的投资和技术将会被“锁定”。

转型创造条件，而且将获取巨大的绿色收益。

（三）具有超大规模经济体优势

2018年，中国国内生产总值达到13.6万亿美元，相当于美国的66%，稳居全球第二。经济的超大规模性为绿色技术研发和形成完备的绿色产业链提供了经济基础。经济体量大，可以分摊绿色技术研发的初始成本，而且初创企业可以依托国内市场进行孵化。加之中国拥有规模庞大的产业制造体系，既有处在或接近全球前沿的产业和技术，也有处在追赶阶段的产业和技术，为形成较为完整的绿色产业链、发挥不同领域的产业和技术优势创造了条件。

（四）传统产业部门效率提升潜力巨大

中国传统产业部门依然庞大，技术改造的空间巨大。比如，传统能源的清洁化利用空间巨大，而且能源技术研发支出占国内生产总值的比重全球最高，提升燃煤电厂效率已取得显著成效。

（五）新能源发展空间广阔

中国拥有丰富的风能、太阳能、页岩气和沼气资源。自2005年以来，风力驱动涡轮机容量几乎每年都成倍增长，目前仍然处于高速增长阶段。中国还是全球最大的太阳能光伏电池板制造国，光伏发电装机全球第一，这使得中国在减少对传统化石燃料的依赖和优化能源结构方面有更大空间。

二、我国推动绿色转型面临的严峻挑战

我国推动绿色转型，也受到“挤压式”工业化、经济和产业结构、资源禀赋和能源结构、生态环境治理能力等多方面制约。

（一）“挤压式”工业化带来污染物集中排放

与先行工业化国家相比，中国的工业化进程具有明显的“挤压式”特征，各种工业品生产在短时期内爆炸式增长并在多个领域达到史无前例的

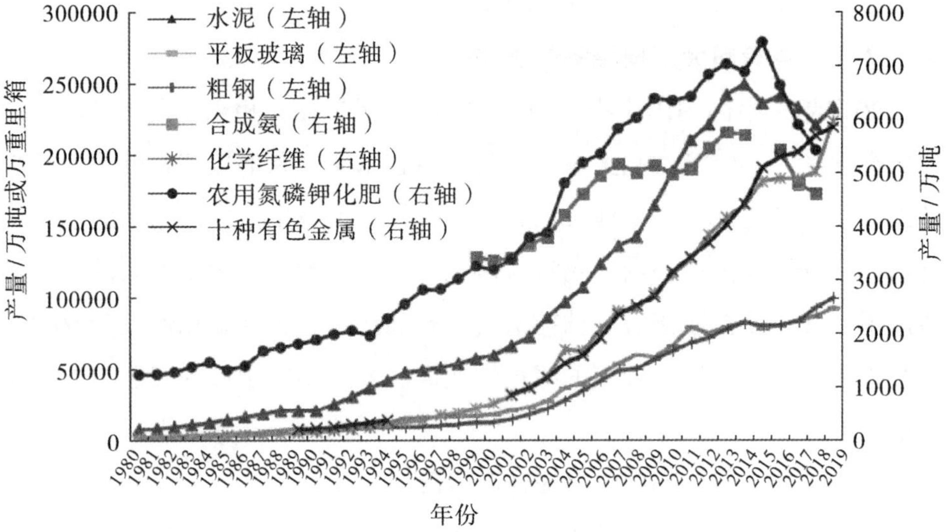

图9-1　中国主要工业产品产量增长

数据来源：中国工业统计年鉴。

生产规模（见图9-1）。中国在成为“世界工厂”的同时，也排放了大量的污染物、温室气体以及废弃物，这不仅给生态环境造成巨大压力，也带来了巨大的治理成本。近年来，中国推进供给侧结构性改革，加快去除高能耗高污染过剩落后产能，但淘汰过剩落后产能会影响就业，大幅度增加失业人员社会保障和救助等各种支出，需要支付巨大的资金补偿和人员安置成本，金融机构还要支付银行坏账等债务处置成本。

（二）经济结构调整和产业转型升级任务艰巨

经过改革开放40多年的发展，中国经济结构发生重大变化，服务业占比由1978年的24.6%上升至2018年的52.2%，但相较于巴西、俄罗斯、印度、印度尼西亚和南非等新兴市场经济体，服务业比重仍然偏低。而工业占比长期稳定在40%以上。2011年之后工业占比虽有所下降，但2018年仍保持在40.7%，明显高于其他新兴市场经济体。2010年，中国继德国、日本、美国之后，成为世界第一制造大国。国家统计局数据显示，2018年，中国生产了全球一半左右的粗钢（9.28亿吨）、煤炭（36.8亿吨）和水泥

（22.1亿吨），以及近1/4的汽车（2782万台）。2018年，中国制造业增加值的全球占比超过1/4。近年来，中国制造业价值链提升步伐加快，正在由以低端产品出口为主向以中高端产品出口为主转变，但基础制造能力与先行工业化国家相比仍有较大差距，在关键核心技术研发、工艺流程创新、数字化管理等方面能力仍显不足，产业转型升级任重道远。

（三）提高能源和资源利用效率面临挑战

中国能源资源禀赋特征，使得煤炭的主体能源地位在短期内难以改变。由于能源生产与消费中心错位分布，清洁能源发展在消纳和输送通道、国内市场培育等方面仍面临难题，弃水弃风弃光现象时有发生。与此同时，能源资源利用效率与世界先进水平相比差距仍然较大。根据OECD测算，2016年中国能源产出率为美国的84%，德国的57%，日本的59%。中国每排放1吨二氧化碳可以产生2150美元的经济价值，而OECD国家达到4240美元，是中国的近2倍。过去20多年中国绿色全要素生产率的增长对整个经济增长的贡献率不足30%，而OECD国家这一贡献率达到60%。这表明，中国经济增长对劳动力、生产资本和自然资源投入的依赖程度，仍然要明显高于OECD国家。

（四）生态环境治理仍面临巨大压力

尽管近年来部分污染物排放已跨越峰值进入平台期，但排放规模仍居高不下，生态环境压力仍然很大。据统计，中国城镇化水平每提高1个百分点，生活污水就会增加11.5亿吨，生活垃圾增加1200万吨，建设用地增加1000平方公里，生活用水增加12亿吨，能源消耗增加8000万吨标准煤。空气质量总体进入改善阶段，但形势仍然复杂。2013年以来，中国城市$PM_{2.5}$年均浓度已呈下降的态势，但季节性波动仍然很大。水环境质量总体改善，主要流域水质已进入“稳中向好”的阶段，但湖泊水质不容乐观，富营养化问题突出，地下水污染状况仍然堪忧。土壤环境状况总体不容乐观，部分地区土壤污染仍然较严重，工矿业废弃地土壤环境问题仍然突出。

综上所述，我国推进绿色转型犹如逆水行舟，不进则退。正如习近平总书记在全国生态环境保护大会上指出的那样，我国“生态文明建设正处于压力叠加、负重前行的关键期，已进入提供更多优质生态产品以满足人民日益增长的优美生态环境需要的攻坚期，也到了有条件有能力解决生态环境突出问题的窗口期”[①]。跨过这个关键期、攻坚期、窗口期，要求加大绿色转型攻坚力度，走出一条有中国特色的生态文明建设之路。

① 习近平：《坚决打好污染防治攻坚战推动生态文明建设迈上新台阶》，《人民日报》，2018年5月19日。

第三节　今后一个时期持续加大绿色转型的攻坚力度

今后一个时期，中国总体上仍处在环境库兹涅茨曲线拐点期。能源需求和主要常规污染排放将陆续达峰，随后进入峰值平台期，生态环境压力依然很大。“十四五”时期将是绿色转型的攻坚期，必须进一步降低能源强度、主要污染物碳排放强度，巩固主要污染物排放和经济增长脱钩的态势，加快建设资源节约、环境友好的绿色发展体系，走出一条中国特色的绿色转型之路。

一、今后一个时期是资源环境压力集中释放期

中国能源需求峰值预期在2030—2040年之间出现，但化石能源消耗将在2030年左右达峰。我国能源需求峰值在60亿～80亿吨标准煤之间，人均能耗峰值水平大致相当于美国人均能耗峰值的32%～42%，日本的65%～84%。从能源结构看，2014年后中国煤炭消费进入平台期，但煤炭仍将长期扮演主要能源供应品种的角色，预计到2030年煤炭在中国一次能源消费总量中占比仍将在50%以上；石油需求将缓慢增长，到2030年或将超过8亿吨[①]；天然气消费量将稳步增长，在初次能源中占比从2018年的7.8%提高到2030年的15%左右；在可再生能源中，风能、光能等可再生能源需求将大幅增长，预计到2025年左右，非化石能源消费占比将超过石油。

主要常规污染物排放陆续达峰后将进入平台期。中国二氧化硫、氮氧化物排放已先后达峰并步入下降通道（见图9-2），而二氧化碳排放将在2030年达峰。在水污染物方面，受农业面源污染的影响，水污染物排放总

① 数据来源：国务院发展研究中心《我国中长期能源发展战略研究》。

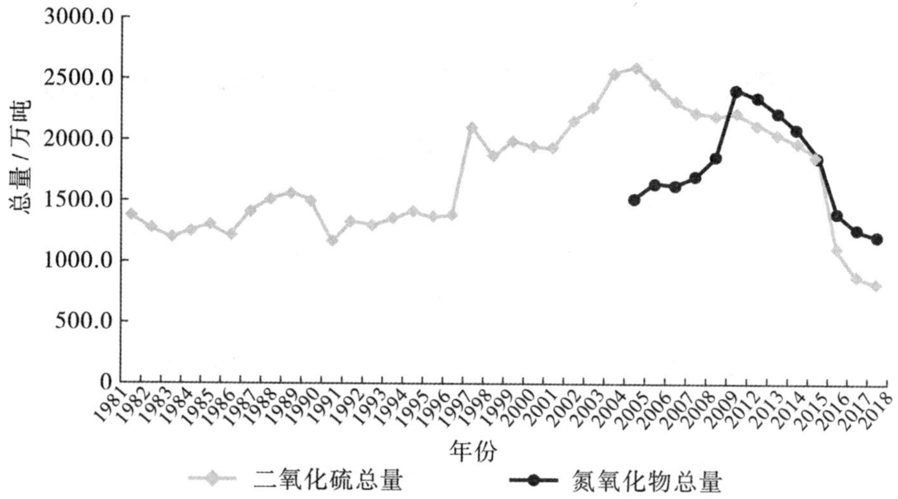

图9-2 1981—2018年二氧化硫、氮氧化物排放

注：1997年、2011年统计范围有调整。

资料来源：1981—1990年数据来自《中国环境统计资料汇编（1981—1990）》，1991年后数据来自《中国环境统计年报》《中国环境统计年鉴》。

量在2020—2025年达到峰值，随后进入平台期。

生态环境质量全面达标的时间仍不确定。大气环境质量总体已进入改善阶段，预计2025年空气质量达标城市数量有望提高到50%，338个地级及以上城市平均优良天数比例进一步提高，城市空气$PM_{2.5}$年均浓度将持续下降，但臭氧、挥发性有机化合物（VOCs）可能会成为新的污染物。水环境质量总体改善面临较大不确定性，主要流域、湖泊、地下水、海洋等水环境质量改善的进程差异较大。相对于大气和水环境，实现土壤环境质量根本好转的难度更大。

二、打好蓝天、碧水、净土保卫战

加大绿色转型的攻坚力度，必须坚决打好蓝天、碧水、净土保卫战，坚持方向不变、力度不减，突出精准治污、科学治污、依法治污，推动生态环境质量持续好转。

（一）坚决打赢蓝天保卫战

突出重点区域，以京津冀及其周边、长三角、汾渭平原等重点区域为主战场，强化重点区域联防联控联治和重污染天气应对工作，重点加强工业、燃煤、机动车三大污染源治理，加强工业企业大气污染综合治理，大力推进散煤治理和煤炭消费减量替代，打好柴油货车污染治理攻坚战，重点治理火电、钢铁、建材等传统污染排放大户。调整运输结构，降低公路运输比重。努力实现《打赢蓝天保卫战三年行动计划》的目标，经过3年努力，大幅减少主要大气污染物排放总量，协同减少温室气体排放，进一步明显降低细颗粒物浓度，明显减少重污染天数，明显改善环境空气质量，明显增强人民群众的蓝天幸福感。

（二）着力打好碧水保卫战

深入实施水污染防治行动计划，扎实推进河长制湖长制工作，坚持污染减排和生态扩容两手发力，加快工业、农业、生活污染源和水生态系统整治。打好水源地保护攻坚战，加强水源水、出厂水、管网水、末梢水的全过程管理，划定和规范化建设集中式饮用水水源保护区，加强地下水污染防治。打好城市黑臭水体治理攻坚战，加快补齐城镇污水收集和处理设施短板，尽快实现污水管网全覆盖、全收集、全处理，到2020年，地级及以上城市建成区黑臭水体消除比例超过90%。打好长江保护修复攻坚战、渤海综合治理攻坚战和农业农村污染治理攻坚战。

（三）扎实推进净土保卫战

全面实施土壤污染防治行动计划，突出重点区域、行业和污染物，有效管控农用地和城市建设用地土壤环境风险。强化土壤污染管控和修复，加快推进垃圾分类处理。到2020年，实现所有城市和县城生活垃圾处理能力全覆盖。强化固体废物污染防治，提升危险废物处理处置能力，实施全过程监管。严厉打击危险废物非法跨界转移、倾倒等违法犯罪活动。严格限制高风险化学品生产、使用和进出口，并逐步淘汰替代。

三、加快建设绿色发展体系

今后一个时期是我国在全面建成小康社会后，开启全面建设社会主义现代化国家新征程的起步期，必须加大绿色转型的攻坚力度，加快建设资源节约、环境友好的绿色发展体系，形成人与自然和谐发展的现代化建设新格局。

（一）培育绿色产业发展体系

实施绿色产业转型升级行动、绿色经济新业态培育行动、绿色科技创新行动、绿色经济新主体培育行动等行动计划，发展节能环保和清洁生产、清洁能源等绿色工业，生态循环农业等绿色农业，合同能源管理、合同节水管理、绿色科技服务等绿色服务业，鼓励绿色生产和节能减排的技术改造。推进能源生产和消费革命，构建清洁低碳安全高效的能源体系。针对具备基础条件的重点产品开展全产业链系统提升工作，加强企业在技术合作、产用衔接、服务配套等方面的协同配合，构建绿色产业发展体系。

（二）建设绿色科技创新体系

加强基础研究，开展污染及其危害的机理研究，为优化生态环境治理技术路线提供科学依据。加大绿色技术研发投入，特别要加大绿色工艺装备的研制力度，增强为企业绿色技术改造提供装备的能力。加强产学研用结合和创新链各环节的衔接，鼓励国内大企业与研究机构合作的技术创新联盟，加快绿色技术产业化。加强绿色技术的知识产权保护，提高企业开展绿色技术和商业模式创新的积极性。充分发挥市场在绿色科技创新、路线选择和创新资源配置中的决定性作用，构建以市场需求为导向的绿色科技创新体系。

（三）完善资源节约和循环利用体系

实现企业循环式生产，推广减量化、再利用、资源化“3R”生产法，制定重点行业循环型企业评价体系。对园区进行绿色化改造，推进产业链循环化、资源利用高效化和污染治理集中化，构建循环经济产业链，提高产业关联度和循环化水平。完善资源循环利用制度，推行生产者责任延伸制度，建立再生产品和再生原料推广使用制度，完善一次性消费品限制使用制度。完善循环经济评价制度，完善循环经济标准和认证制度，推进实施绿色信用管理制度。

（四）建立国土空间开发保护体系

制定全国国土空间规划纲要，划定生态保护红线、永久基本农田、城镇开发边界三条控制线，推动一张蓝图干到底。开展国土综合整治行动，深入推进城市化地区、农村地区、生态功能区、矿产资源集中开发区以及海岸带“四区一带”和海岛地区的综合整治，建立以国家公园为主体的自然保护地体系，建设国家生态安全屏障。

（五）健全绿色发展服务体系

进一步发展绿色金融，积极探索绿色贷款、绿色债券、绿色保险、绿色基金、绿色证书交易等各种绿色金融工具的运用。完善碳排放权交易（简称碳交易）市场，提高碳排放配额分配的透明度，完善碳交易市场信息披露制度。开展交易产品和交易方式多样化的试点，研究制定相应的监管规则。探索建立与碳资产和碳交易相关的会计准则。加强与境外进行碳交易的监管。推行排污权交易制度，扩大排污权有偿使用和交易试点，完善企业通过排污权交易获得减排收益的机制。在重点流域和大气污染重点区域，推进跨行政区排污权交易。

（六）推动形成绿色生活消费体系

倡导简约适度、绿色低碳的生活方式，鼓励使用节能减排的绿色产品，提高绿色出行激励有效性。加快建立绿色产品专门的流通渠道，鼓励建立绿色批发市场、绿色商场、节能超市、节水超市等，推动市场、商场、超市、旅游商品专卖店等流通企业在显著位置开设绿色产品销售专区。推广利用“互联网+”促进绿色消费，推动电子商务企业直销或与实体企业合作经营绿色产品和服务，鼓励利用网络销售绿色产品，推动开展二手产品在线交易，满足不同主体多样化的绿色消费需求。

（七）构建现代环境治理体系

深化环境监管体制改革，完善环境监管法律法规，优化监管组织结构，提高专业性和监管能力，提高环境监管有效性。开展监管改革第三方评估，推动完善监管制度。改革完善生态环境治理体制，推动形成政府为主导、企业为主体、社会组织和公众共同参与的生态环境治理体系。

今后一个时期是中国绿色转型的攻坚期。加快推进绿色转型，中国才能在2035年基本实现社会主义现代化时，实现“生态环境根本好转、美丽中国建设基本实现”[①]的目标。与此同时，中国绿色转型的探索，也将为广大发展中国家提供绿色发展模式新的选择，为人类建设可持续发展的命运共同体贡献中国智慧和中国方案。

① 习近平：《决胜全面建成小康社会，夺取新时代中国特色社会主义伟大胜利》，人民出版社，2017。

第四节　建立激励约束并举的生态文明制度体系

2015年，中共中央、国务院印发了《生态文明体制改革总体方案》，方案确立了生态文明体制改革的核心目标，提出到2020年构建起自然资源资产产权制度、国土空间开发保护制度、空间规划体系、资源总量管理和全面节约制度、资源有偿使用和生态补偿制度、环境治理体系、环境治理和生态保护市场体系、生态文明绩效评价考核和责任追究制度等八项制度，形成产权清晰、多元参与、激励约束并重、系统完整的生态文明制度体系，推进生态文明领域国家治理体系和治理能力现代化。

一、建立健全自然资源资产产权制度

要构建归属清晰、权责明确、监管有效的自然资源资产产权制度，着力解决自然资源所有者不到位、所有权边界模糊等问题。当前我国自然资产产权制度领域存在相关法律法规不明确、产权主体结构不合理、产权边界不清晰、产权权能体系不完善、产权流转不顺畅等问题，建立健全自然资源资产产权制度尤为重要和紧迫。

（一）加快建立自然资源资产统一确权登记系统

自然资源资产统一确权登记是依法对自然资源的状况，以及权利主体、权利内容、权利约束等信息予以明确，这是自然资源资产产权制度的基础。在自然资源的确权登记中，要坚持资源公有、物权法定原则，清晰界定全部国土空间各类自然资源资产的产权主体，与此同时，要对水流、森林、山岭、草原、荒地、滩涂等所有自然生态空间统一进行确权登记，逐步划清全民所有和集体所有之间的边界，划清不同层级政府之间的边界，划清不同集体所有者之间的边界。

（二）建立完整的自然资源资产产权权能体系

按照国家法律，制定自然资源资产产权的权力清单，分清全民所有中央政府直接行使所有权、全民所有地方政府行使所有权的资源和空间范围，明确各类自然资源资产产权主体以及相应的权利和义务范围。处理好所有权与使用权的关系，清楚界定自然资源使用权的行使范围，保护好使用者的合法权益。创新自然资源全民所有权和集体所有权的实现形式，除具有重要生态功能的自然资源外，可推动自然资源所有权和使用权相分离，明确占有、使用、收益、处分等权利归属关系和权责，适度扩大使用权的出让、转让、出租、抵押、担保、入股等权能。

（三）建立统一行使全民所有自然资源资产所有权人职责的机构

健全国家自然资源资产管理体制，要按照所有者和管理者分开和一件事由一个部门管理的原则，将所有者职责从自然资源管理部门分离出来，集中统一行使，负责各类全民所有自然资源资产的管理和保护。2017年，我国第一个由中央直接管理的东北虎豹国家公园国有自然资源资产管理局正式建立。青海省也组建了三江源国有自然资源资产管理局。这标志着地方国有自然资源资产管理体制试点工作全面启动。2018年3月，中共中央印发了《深化党和国家机构改革方案》，决定成立国家自然资源部，将原国土资源部、水利部、农业部、国家林业局、国家海洋局等部门有关全民所有各类自然资源资产管理的职能划归自然资源部，统一行使全民所有自然资源资产所有权人的职责，并统一行使所有国土空间用途管制和生态保护修复职责。

二、建立国土空间开发保护制度

国土空间是中华民族繁衍生息的家园，是我国经济社会持续发展的载体。要构建以空间规划为基础、以用途管制为主要手段的国土空间开发保护制度，着力解决无序开发、过度开发、分散开发导致的优质耕地和生态空间占用过多、生态破坏、环境污染等问题。

（一）完善主体功能区制度

主体功能区是指基于不同区域的资源环境承载能力、现有开发密度和发展潜力等，将特定区域确定为特定功能定位的一种空间单元。各个地区因为核心（主体）功能不同，而相互分工协作、错位发展。主体功能区制度是从大尺度空间范围对生态环境进行源头保护的制度安排。完善主体功能区制度，需要统筹国家和省级主体功能区规划，根据城市化地区、农产品主产区、重点生态功能区的不同定位，加快完善财政、产业、投资、人口流动、建设用地、资源开发、环境保护等政策，以推动区域协调和可持续发展。

（二）健全国土空间用途管制制度

同一块国土空间上往往分布着多种用途的自然资源，这就需要从全局角度，对国土空间用途进行定位，并进行国土空间用途管制。需要将国土空间用途管制覆盖全部国土空间，将开发强度作为约束性指标，控制建设用地总量；完善覆盖全部国土空间的监测系统，动态监测国土空间变化，以便对各类违反国土空间用途管制的开发行为进行治理等。党的十八大以来，相关部门不断将用途管制扩大到所有自然生态空间，控制建设用地总量，划定并严守生态保护红线，初步实现了国土空间变化动态监测，国土空间用途管制制度不断健全。明确了各级政府在自然生态空间的管理权限，并从2017年3月开始，在福建、江西、河南、海南、贵州、青海等6省开展自然生态空间用途管制试点，探索自然生态空间用途管制方法。海洋国土空间开发保护管制初步建立，国家海岸线和近海海洋国土空间管理更加精细化和精准化。

（三）建立国家公园体制

国家公园是指由国家批准设立并主导管理，边界清晰，以保护具有国家代表性的大面积自然生态系统为主要目的，实现自然资源科学保护和合理利用的特定陆地或海洋区域。中共十八届三中全会正式提出建立国家公园体制。2015年1月，国家发展和改革委员会联合13部门印发了《建立国家公园体制试点方案》。2017年9月，在总结试点经验的基础上，中共中央办公厅、国务院办公厅印发了《建立国家公园体制总体方案》，初步完成了我国国家公园体制的顶层设计。建立国家公园体制，一方面要改变各部门分头设置自然保护区、风景名胜区、文化自然遗产、地质公园、森林公园的状况，对现有的各种自然保护地进行功能重组、系统分类，重新整合界定国家公园的范围；另一方面要对国家公园实行更严格的保护，除不损害生态系统的原住民生活生产设施的改造和适当开展自然观光、科研教育、旅游活动外，禁止进行其他开发建设，维护自然生态和自然文化遗产的原真性、完整性。

三、建立空间规划体系

国土空间规划是国家空间发展的指南、可持续发展的空间蓝图，是各类开发建设活动的基本依据。建立空间规划体系，就是要构建以空间治理和空间结构优化为主要内容，全国统一、相互衔接、分级管理的空间规划体系，着力解决空间规划重叠冲突、部门职责交叉重复、地方规划朝令夕改等问题。

（一）编制空间规划

国土空间规划可分为国家级、省级、市级、县级、乡镇级五级。编制空间规划，要研究建立统一规范的空间规划编制机制，整合目前各部门分头编制的各类空间规划，实现规划全覆盖，并鼓励开展省级空间规划试点。

（二）推进市县“多规合一”

我国推进规划整合，经历了一个逐步深化的过程。推进市县“多规合一”，一是要统一编制市县空间规划，逐步形成一个市县一个规划、一张蓝图；二是要统一土地分类标准，根据主体功能定位和省级空间规划要求，划定生产空间、生活空间、生态空间，明确城镇建设区、工业区、农村居民点等的开发边界，以及耕地、林地、草原、河流、湖泊、湿地等的保护边界，加强对城市地下空间的统筹规划；三是要加强对市县“多规合一”试点的指导，研究制定市县空间规划编制指引和技术规范，形成可复制、可推广的经验。

四、完善资源总量管理和全面节约制度

建设生态文明必须从资源使用抓起，进行资源总量管理，把全面节约资源作为根本之策。要构建覆盖全面、科学规范、管理严格的资源总量管理和全面节约制度，着力解决资源使用浪费严重、利用效率不高等问题。

（一）完善严格的耕地保护制度和土地节约集约利用制度

土地是我国最主要的资源，其中耕地事关粮食安全。当前我国仍处于工业化城镇化快速推进阶段，如何保护好耕地和节约集约利用土地资源，始终是面临的重大挑战。完善严格的耕地保护制度和土地节约集约利用制度：一是要划定永久基本农田红线，对基本农田实行严格保护，除法律规定的国家重点建设项目选址确实无法避让外，其他任何建设不得占用；二是要加强耕地质量等级评定与监测，强化耕地质量保护与提升建设；三是要完善耕地占补平衡制度，对新增建设用地占用耕地规模实行总量控制；四是要实施建设用地总量控制和减量化管理，建立节约集约用地激励和约束机制，调整结构，盘活存量。

（二）完善严格的水资源管理制度

随着水资源短缺状况的加剧和人们对水质要求的不断提高，必须加快完善严格的水资源管理制度。按照节水优先、空间均衡、系统治理、两手发力的方针，健全用水总量控制制度，保障用水安全。加快制订主要江河流域水量分配方案，加强省级统筹，完善五级取用水总量控制指标体系。建立健全节约集约用水机制，主要运用价格和税收手段，逐步建立农业灌溉用水量控制和定额管理、高耗水工业企业计划用水和定额管理制度，促进水资源使用结构调整和优化配置。

（三）建立能源消费总量管理和节约制度

能源是一种具有战略意义的资源，关系国家安全，且化石能源是温室气体的主要来源，必须建立能源消费总量管理和节约制度。一是要合理确定全国能源消费总量目标，并分解落实到省级行政区和重点用能单位。二是要健全节能目标责任制和奖励制，强化能耗强度控制。三是要逐步建立全国碳排放总量控制制度和分解落实机制，建立增加森林、草原、湿地、海洋碳汇的有效机制，加强应对气候变化的国际合作。四是要健全重点用能单位节能管理制度，探索实行节能自愿承诺机制。五是要完善节能标准体系，及时更新用能产品能效、高耗能行业能耗限额、建筑物能效等标准。

（四）完善资源循环利用制度

发展循环经济是节约利用资源、提高资源利用效率的重要途径。要加快实行生产者责任延伸制度，推动生产者落实废弃产品回收处理等责任。建立种养业废弃物资源化利用制度，实现种养业有机结合、循环发展。加快建立垃圾强制分类制度。制定再生资源回收目录，对复合包装物、电池、农膜等低值废弃物实行强制回收，加快制定资源分类回收利用标准。建立健全资源产出率统计体系。

五、健全资源有偿使用、生态补偿和生态保护修复制度

实行自然资源资产有偿使用制度、生态补偿制度和生态保护修复制度，可以优化资源配置，促进生态系统良性发展。健全资源有偿使用和生态补偿制度，就是要反映资源稀缺程度和市场供求关系，体现自然价值和代际补偿，着力解决自然资源及其产品价格偏低、生产开发成本低于社会成本、保护生态得不到合理回报等问题。

（一）健全资源有偿使用制度

自然资源资产有偿使用制度是生态文明制度体系中的一项重要制度。

加快健全资源有偿使用制度，就是要加快自然资源及其产品价格改革，通过市场交易使自然资源及其产品的价格反映其稀缺性和供求关系，使价格成为引导自然资源资产有偿使用、有效配置的信号。完善土地有偿使用制度、矿产资源有偿使用制度和海域海岛有偿使用制度。

（二）完善生态补偿制度

生态补偿制度是以防止生态环境破坏、促进生态系统良性发展为目的，以从事对生态环境产生影响的生产者、经营者、开发者、利用者为对象，以生态环境整治及恢复为主要内容，以经济调节为手段，以法律为保障的新型环境管理制度。要积极探索建立多元化补偿机制，逐步增加对重点生态功能区转移支付，完善生态保护成效与资金分配挂钩的激励约束机制。制定横向生态补偿机制办法，以地方补偿为主，中央财政支持为辅。鼓励各地区开展生态补偿试点探索。

（三）完善生态保护修复制度

生态保护修复是生态文明建设的重要途径。要按照山水林田湖草系统治理的要求，完善相关资金使用管理办法，整合现有政策和渠道，在深入推进国土江河综合整治的同时，更多用于青藏高原生态屏障、黄土高原-川滇生态屏障、东北森林带、北方防沙带、南方丘陵山地带等国家生态安全屏障的保护修复。

六、建立健全环境治理体系

构建有效的环境治理体系，政府、企业和社会公众等共同参与到环境治理中，是推进生态文明建设的重要途径。要构建以改善环境质量为导向，监管统一、执法严明、多方参与的环境治理体系，着力解决污染防治能力弱、监管职能交叉、权责不一致、违法成本过低等问题。

（一）完善污染物排放许可制

污染物排放许可制是环境治理的基础性制度。要尽快在全国范围建立统一公平、覆盖所有固定污染源的企业排放许可制，依法核发排污许可证，排污者必须持证排污，禁止无证排污或不按许可证规定排污。

（二）建立农村环境治理体制机制

农村环境治理具有与城市不同的特点，要根据农村实际建立农村环境治理体制机制。一是要建立以绿色生态为导向的农业补贴制度，加快制定和完善相关技术标准和规范，加快推进化肥、农药、农膜减量化以及畜禽养殖废弃物资源化和无害化，鼓励生产使用可降解农膜。二是要完善农作物秸秆综合利用制度，健全化肥农药包装物、农膜回收贮运加工网络。三是要采取财政和村集体补贴、住户付费、社会资本参与的投入运营机制，加强农村污水和垃圾处理等环保设施建设。四是要采取政府购买服务等多种扶持措施，培育发展各种形式的农业面源污染治理、农村污水垃圾处理市场主体。

（三）严格实行生态环境损害赔偿制度

实行生态环境损害赔偿制度是开展环境治理的重要手段。一方面要强化生产者环境保护法律责任，大幅度提高违法成本。另一方面要健全生态环境损害赔偿方面的法律制度、评估方法和实施机制，对违反环保法律法规的，依法严惩重罚；对造成生态环境损害的，以损害程度等因素依法确定赔偿额度；对造成严重后果的，依法追究刑事责任。

七、健全环境治理和生态保护市场体系

培育环境治理和生态保护市场主体，是环境治理由政府推动为主向政府推动与市场驱动相结合转变的客观需要。要构建更多运用经济杠杆进行环境治理和生态保护的市场体系，着力解决市场主体和市场体系发育滞后、社会参与度不高等问题。

（一）培育环境治理和生态保护市场主体

培育市场主体是环境治理和生态保护市场得以形成的前提。通过废止

妨碍形成全国统一市场和公平竞争的规定和做法，鼓励各类投资进入环保市场。政府和社会资本合作开展的环境治理和生态保护事务，都可以吸引社会资本参与建设和运营。通过政府加大购买服务力度等方式，加大对环境污染第三方治理的支持力度。进一步加快推进污水垃圾处理设施运营管理单位向独立核算、自主经营的企业转变。组建或改组设立国有资本投资运营公司，推动国有资本加大对环境治理和生态保护等方面的投入。

（二）推行用能权和碳排放权交易制度

实现低碳发展是生态文明建设的重要内容，开展用能权交易和碳排放权交易是实现低碳发展的重要途径。要结合重点用能单位节能行动和新建项目能评审查，开展项目节能量交易，并逐步改为基于能源消费总量管理下的用能权交易。推广合同能源管理。深化碳排放权交易试点，建立全国碳排放权交易市场，并建立碳排放权交易市场监管体系。

（三）推行排污权交易制度

通过推行排污权交易制度，可以有效调动各方面治污的积极性。我国正在加快推行排污许可证制度，这将为进一步发展排污权交易提供基础。要完善企业通过排污权交易获得减排收益的机制，在重点流域和大气污染重点区域，合理推进跨行政区排污权交易，扩大排污权有偿使用和交易试点，并将更多条件成熟地区纳入试点。

八、完善生态文明绩效评价考核和责任追究制度

构建充分反映资源消耗、环境损害和生态效益的生态文明绩效评价考核和责任追究制度，着力解决发展绩效评价不全面、责任落实不到位、损害责任追究缺失等问题，对于完善生态文明建设的责任约束机制具有十分重要的意义。

（一）对领导干部实行自然资源资产离任审计

开展自然资源资产离任审计，对于促进领导干部落实自然资源资产管

理和环境保护责任，推动生态文明建设具有重要意义。2017年6月，中央全面深化改革工作领导小组第三十六次会议审议通过了《领导干部自然资源资产离任审计规定（试行）》，明确从2018年起，领导干部自然资源资产离任审计由试点阶段进入全面推开阶段，并强调要加强审计结果运用。

（二）建立生态环境损害责任终身追究制

实行地方党委和政府领导成员生态文明建设党政同责、一岗双责制。通过中央环保督察，对在生态环境方面造成严重破坏负有责任的干部进行追责问责。国家环境保护督察制度，是我国生态文明建设中最重要的制度之一，是生态环境保护领域具有中国特色的问责制度。这项制度以解决突出生态环境问题、改善生态环境质量、推动高质量发展为重点，按照督查、交办、巡查、约谈、专项督察的程序，对全国31个省区市实现全覆盖，并对重点区域、重点领域、重点行业进行专项督察，依纪依法对领导干部进行严格问责。例如，2017年6月，中共中央办公厅、国务院办公厅印发《关于甘肃祁连山国家级自然保护区生态环境问题督查处理情况及其教训的通报》，对祁连山生态环境破坏典型案例进行剖析，对相关责任人实施严肃追责，处理省级干部3人，处理正厅级干部6人，行政撤职4人，给各地区各部门和各级党员干部敲响了警钟，对于进一步强化生态环境保护具有历史性、标志性意义。

第十章
建设多元平衡、安全高效的全面开放体系

全面开放体系是由经济开放活动的各个方面构成的相互关联的有机整体。开放是国家繁荣发展的必由之路。当前，世界正经历百年未有之大变局，经济全球化出现波折，单边主义和保护主义抬头，各国面临许多共同挑战。建设多元平衡、安全高效的全面开放体系，必须坚定不移推动高水平开放，推动形成全面开放新格局，积极促进“一带一路”国际合作，形成开放型经济新体制，积极主动参与全球经济治理，实现竞争优势、开放格局、风险防范与时俱进，发展更高层次的开放型经济。

第一节　推动形成全面开放新格局

对外开放，是我国的基本国策。以开放促改革、促发展，是我国现代化建设不断取得新成就的重要法宝。“开放带来进步，封闭必然落后。中国开放的大门不会关闭，只会越开越大”，党的十九大报告再次强调了对外开放的重要性，进一步表明继续推进开放的坚定立场。

一、我国对外开放面临的新形势

当前，我国经济正处在转变发展方式、优化经济结构、转换增长动力的攻关期，对外开放面临的国内外形势正在发生深刻复杂的变化。

（一）逆全球化思潮影响我国外部环境

世界经济格局正在发生更加错综复杂的深刻变化。在全球化过程中，美国、欧盟等发达经济体一直是经济全球化规则的制定者，长期力推全球化和贸易投资自由化。但随着全球化的深入发展，发达国家在控制世界资源和财富的同时，出现了“产业外移”“就业萎缩”的现象，加上外国移民涌入发达国家，对本土劳动力市场产生较大冲击，使得西方本土劳工对本国精英权贵产生强烈不满，民粹主义迅速滋生。同时，自由资本主义理念因金融危机遭到质疑，进而影响和动摇了西方国家对曾经推崇备至的全球化发展模式的信心。加之近年来新兴经济体国际竞争力不断增强，在全球化进程中崛起，这就使得一些发达国家心态发生变化，他们把国内的失业问题、收入分配问题都归咎于全球化，各种“反全球化”“去全球化”和“逆全球化”思潮泛起，保护主义和排外主义势头上升。从趋势上看，这些现象在未来一个阶段还会层出不穷，对我国发展的外部环境造成冲击。

（二）全球经贸规则加快重构

国际金融危机后，世界贸易组织主导的贸易自由化进程严重受阻，多哈回合谈判陷入僵局，美国、欧盟等发达经济体转而推进由其主导的《国际服务贸易协定》（TISA）、《信息技术协定》（ITA）扩围等谈判，国际贸易投资规则竞争更趋激烈。发达国家为了维护既得利益，在多边或区域贸易安排中，将劳工标准、环境保护、知识产权、政府采购、竞争中立等新议题纳入谈判，对成员国的约束从“边境措施”转向“边境后措施”，以抬高发展中国家参与经济全球化的门槛。特别是美国奉行“美国优先”的策略，意欲重构国际经贸规则。我国既要更加积极主动地参与国际规则制定，维护发展中国家的权益，又要看到国际规则变革在有些方面与我国扩大开放的方向是一致的，必须以更加积极和自信的姿态，加快形成同国际贸易投资规则相适应的体制机制。

（三）发达国家对我国的认知发生变化

随着我国在世界经济格局中的地位显著提升，发达国家对我国的认知发生变化，态度上的两面性和矛盾性越来越明显。改革开放之初，我国经济体量小、发展水平低，我国加快开放步伐，发达国家认为是在不断融入全球经济。现在我国成为世界第二大经济体、全球第一大货物贸易大国，发达国家看待我国的心态发生明显变化。有的拿对华贸易逆差说事，要求中国“公平贸易”“对等开放”。发达国家既想中国进一步开放市场，又不愿中国发展更快，甚至希望中国停留在全球价值链分工的中低端，不要挤占它们的市场。我国对外开放面临许多新情况和新挑战。特别是美国单方面挑起贸易争端，对我国进行战略性遏制，成为影响我国外部环境的最大不确定因素。

（四）我国与世界经济的互动关系增强

经过40多年的改革开放和经济发展，我国已成为世界第二大经济体、全球第一大货物贸易大国，成为全球重要的跨国投资目的地和主要对外投资大国，通过贸易、投资、金融等渠道，国内国际经济的互动效应明显增强，相互联系、相互影响、相互依存的程度不断加深。今后一个时期，我国与世界经济的关系将更加紧密，与国际经济的互动关系将进一步增强，参与全球经济治理的要求更加紧迫，必须更加积极主动地扩大对外开放，发展更高层次的开放型经济，发挥对外开放的体制优势，提高我国在全球经济治理中的制度性话语权。

二、建设多元平衡、安全高效的全面开放体系

在新的历史条件下，对外开放需要再出发。我国经济已深度融入全球经济，进一步扩大开放是我们的战略选择。为此，必须推动形成全面开放新格局，为建设多元平衡、安全高效的全面开放体系创造条件。

（一）推进“引进来”和“走出去”相结合的双向开放

全面开放是既要开放国内市场又要开拓国外市场的双向开放，使“引进来”和“走出去”相辅相成。近年来，我国在积极引进国外资金、技术和管理经验的同时，大力实施“走出去”战略，对外开放转向“引进来”和“走出去”并重的新阶段。新形势下，要培育竞争新优势，营造和改善外商投资环境，大幅度放宽市场准入，创造更有吸引力的投资环境，实行高水平的贸易和投资自由化便利化政策，坚持引资、引技和引智并举。同时，充分利用我国在产能、资金、技术、外汇等方面的比较优势和条件，在“走出去”方面继续下功夫。鼓励和支持企业积极稳妥“走出去”，带动商品、资本、技术、服务“走出去”，充分利用国外市场和资源。

（二）推进外贸和外资相结合的多领域开放

我国对外开放、参与经济全球化是通过商品、资本、技术、服务等各种经济资源跨国流动即各个具体领域的开放实现的。今后，我国各领域的对外开放都应在培育贸易新业态新模式、创新对外投资方式等方面有新发展。要注重统筹外贸、外资等领域的对外开放，提高多领域协作开放的整体效能。加快外贸转型升级，鼓励和引导企业优化产品结构、市场结构，

通过创新提高产品档次和品牌的影响力；扩大先进技术、关键设备、适应消费升级需要的优质产品和服务进口，倒逼国内产业加快升级，丰富消费者选择。大幅度放宽外资市场准入，积极改善利用外商投资环境，提高对外商投资的吸引力，使中国继续成为吸引外资的热土。

（三）推进制造业和服务业相结合的产业开放

近年来，我国服务业发展加快，2018年服务业增加值占GDP的比重已上升到52.2%，但与60%的世界平均水平相比还有一定差距，要继续大力发展服务业特别是现代服务业。服务业的发展离不开对外开放。与开放时间较早、程度较深的制造业相比，我国服务业开放、服务贸易发展相对滞后。因此，要在继续深化制造业开放的同时，着力扩大服务业对外开放，重点是放宽服务业的市场准入，推进金融、电信、医疗、教育、文化、养老等服务业领域开放。

（四）推进沿海和内陆沿边相结合的内外联动开放

我国的对外开放是从沿海起步的，而后渐次向内陆推进。今后，要继续深化东部沿海地区开放，打造开放新高地，探索建设自由贸易港等。同时，加大西部开放力度，推动内陆中西部地区、沿边地区对外开放，进一步朝西向周边国家开放。加快推进“一带一路”建设，为内陆中西部地区、沿边地区走向开放前沿、从开放洼地变为开放高地提供更好的平台，为推动形成我国陆海内外联动、东西双向互济的开放格局创造更好的条件。

（五）推进对发达国家和发展中国家开放相结合的全方位开放

对外开放应该是对参与世界经济、世界市场的所有类型国家的全方位开放。今天，发达国家仍是我国开放的重要对象和主要经贸伙伴，我们要继续深化对发达国家的开放。同时，随着发展中国家迅速发展和扩大开放，我国与广大发展中国家的经贸关系也愈益密切。特别是随着“一带一路”建设的扎实推进，我国对外开放应进一步朝着向发达国家开放和向发展中国家开放并重、更为多元平衡的方向发展。

（六）推进多边开放和区域、双边开放相结合的多层次开放

经济全球化和区域一体化是当今世界经济并行不悖、互补互促的两大发展趋势。这就要求我国在两大层次上发展对外经济关系。一个层次是参与经济全球化和多边贸易体制，发展在世界贸易组织等框架下的全球多边经济关系；另一个层次是参与区域一体化和区域经贸安排，发展自由贸易区等框架下的区域或双边经济关系。尽管当前经济全球化和区域一体化都遇到逆流或障碍，但我们仍然要坚持实行全球多边开放和区域、双边开放相结合的开放。

第二节　推进“一带一路”建设

党的十八大以来，以习近平同志为核心的党中央总揽战略全局，确立开放发展新理念，提出“一带一路”倡议。推进“一带一路”建设，是党中央根据全球形势变化和我国发展面临的新形势、新任务，统筹国内国际两个大局作出的重大战略决策。

一、为经济全球化注入新动力

2013年9月和10月，习近平主席先后提出“一带一路”倡议，得到国际社会的高度关注和有关国家的积极响应。联合国大会、联合国安理会等重要决议也纳入“一带一路”建设内容。“一带一路”建设从无到有、由点到线、由线到面有序展开，取得了超出预期的进展。2018年，我国与“一带一路”沿线国家货物贸易进出口总额达到1.3万亿美元，同比增长16.3%，增速高于全国外贸增速3.7个百分点，占我国外贸总值的27.4%；我国企业对沿线国家非金融类直接投资156.4亿美元，同比增长8.9%，占企业对外非金融类直接投资总额的13%。“一带一路”形成的经济合作圈，成为全球经济中最活跃的区域之一，为经济全球化注入新动力。

（一）推动全球经济复苏进程

当前逆经济全球化思潮的抬头，与过去一个时期全球经济陷入低增长困境是分不开的。2008年国际金融危机爆发后，长达10年的低增长，导致全球收入差距进一步扩大，各种矛盾趋于激化。在全球经济深刻转型、实现全面复苏面临不确定因素的形势下，“一带一路”建设从沿线国家基础设施互联互通入手，推进能源资源勘探开发、生产、运输、加工等全产业链合作，提升就地加工转化率和深加工能力，鼓励和引导我国企业到沿线国家投资兴业，合作建设境外产业园区和产业集聚区，帮助沿线国家发展特色产业，让沿线发展中国家搭上中国经济发展的快车，参与到全球分工体系中来，进一步激活欧亚非大陆的经济增长潜力。这将推动全球经济复苏进程。

（二）打造经济全球化升级版

经济全球化将世界市场融为一体，推动了国际贸易和投资以前所未有的速度发展，推动了全球经济增长和繁荣，推动了科技进步和生产力发展。然而，经济全球化也面临诸多新挑战，需要克服其负面效应，向更加包容、更有活力、更可持续的方向发展。在全球经济增长乏力、逆经济全球化思潮暗流涌动的背景下，“一带一路”建设致力于促进沿线国家经济发展，增加就业机会和居民收入，改善全球收入分配格局，增强世界对经济全球化的信心；倡导各国共同参与、共同建设、共同分享，建设利益共同体、命运共同体和责任共同体，提升经济全球化的包容性；倡导贸易投资自由化便利化，优化产业链分工布局，拓宽金融合作领域，增强经济全球化活力；倡导向绿色发展转型，加强中国与相关国家在生态治理、荒漠化监测和预防等方面的合作，加强跨界河流保护和开发利用，加强生物多样性保护和环境监测及污染防治等领域的合作，促进经济全球化可持续发展。这将对克服经济全球化负面效应、打造经济全球化升级版、为全球经济开辟更加光明的未来发挥重要作用。

（三）创新区域合作模式

“一带一路”建设倡导平等、开放、灵活、包容的新型合作机制。它更加强调平等性，主张国家无论大小强弱，地位都是平等的；更加强调开放性，不是排他性的倡议，而是各国均可参与的“大合唱”；更加强调灵活性，适应区域发展的差异性，机制灵活多样；更加强调包容性，努力寻求最大公约数、扩大利益交汇点。这种新型区域合作模式旨在推动沿线国家实现发展战略对接、优势互补，促进投资和消费，创造需求和就业；推动沿线各国实现经济政策协调，开展更大范围、更高水平、更深层次的区域合作，共同打造开放、包容、均衡、普惠的区域经济合作架构；促进经济要素有序自由流动、资源高效配置和市场深度融合，形成多种形式的经济合作圈，建设利益共享的产业链、价值链、供应链，从而推动区域合作机制创新发展。

（四）提供更多公共产品

从改革开放初期打开国门到加入世界贸易组织，再到成为最大货物贸易国，中国一直是经济全球化的积极参与者和推动者。中国的发展得益于参与经济全球化，也愿为国际社会提供更多公共产品。在有的发达国家拒绝提供全球公共产品的背景下，中国作为最大的发展中国家，在自身发展任务仍十分艰巨的情况下，向沿线国家提供不附加政治条件的更多国际公共产品，体现了负责任大国的担当。比如：积极推动多双边投资贸易体系建设，支持亚洲基础设施投资银行等新型多边金融机构发挥作用；扩大沿线国家留学生规模，每年提供1万个政府奖学金名额；加强科技合作，共建联合实验室、国际技术转移中心和海上合作中心，促进科技人员交流，共同提升科技创新能力；等等。这些事实充分表明，中国正在成为经济全球化的重要贡献者。

二、以“一带一路”建设为载体推进全面开放

“一带一路”发端于中国，贯通中亚、东南亚、南亚、西亚乃至欧洲部分区域，牵连起亚太、欧洲、非洲等多个经济圈，是世界上跨度最大的经济带。“一带一路”建设是推进全面对外开放的载体，涉及范围广、领域多，在国际上没有先例可循，需要在政策、制度、文化等多方面进行探索创新。

（一）推动与沿线国家的发展战略对接

共商、共建、共享是“一带一路”建设的基本原则。“一带一路”建设不是封闭的，而是开放包容的；不是中国一家的独奏，而是沿线国家的

合唱；不是要替代现有地区合作机制，而是要在已有合作机制基础上，推动沿线国家实现发展战略相互对接、优势互补。推动战略对接首先要建立对话、沟通和协调机制，及时应对合作中可能出现的矛盾和挑战。对合作成效进行综合评估，并重视相关方面的意见和反馈，不断提高合作质量和效益。通过将“一带一路”倡议与沿线国家的发展战略相对接，寻求最大公约数，扩大利益交汇点，打造命运共同体，实现各国共同参与、共同建设、共同分享。

（二）建立和完善多双边合作机制

“一带一路”沿线各国经济发展水平参差不齐、利益诉求多元、国家间关系错综复杂。完善合作机制，包括建立多层次、多种形式的新合作机制，同时充分利用和发挥好现有多边、双边合作机制的作用，是推进“一带一路”建设的重要保障。比如，沿线许多国家特别是发展中国家对推进工业化的需求很大，而我国很多产能质优价廉，综合配套能力强。建立多双边国际产能合作机制，既有助于我国拓展发展空间，也有利于相关国家加快发展、扩大就业，促进发展中国家的工业化进程。

（三）处理好政府与市场的关系

在“一带一路”建设中，政府与市场相辅相成、缺一不可。推进“一带一路”建设，要遵循市场规律和国际通行规则，以企业为主体，实行市场化运作，坚持利益共享、风险共担。以企业为主体，按照商业原则开展项目合作，有利于发挥我国与沿线各国的比较优势，有利于促进各类资源和要素有序流动与合理配置，有利于激发各类企业的活力和潜力。要发挥龙头企业的带动作用，吸引上下游产业链转移，在境外建立研发、生产和营销体系，提升市场影响力和产业综合竞争力。政府应加强宏观谋划和统筹指导，为各类企业搭建合作平台，提供政策支持和便利化服务，推进同有关国家和地区多领域互利共赢的务实合作。

（四）打造全面开放新格局

“一带一路”建设是我国实施全面开放战略的重要组成部分，要打造陆海内外联动、东西双向开放的全面开放新格局。加快向西开放，发挥西北地区的区位、资源、人文优势，发展内陆开放型经济。发挥西南地区毗邻中南半岛、与东盟国家陆海相连的优势，打通海上连接东南亚、陆上连接印度洋的战略通道，使其与长江经济带形成互动。发挥中部地区腹地广阔、人力资源丰富的优势，联通东西、沟通南北，形成“一带一路”的腹地支撑。利用长三角、珠三角和环渤海开放程度高、经济实力强、辐射带动作用大的优势，全面参与全球经济合作竞争。

三、推进“一带一路”建设的主要任务

按照习近平总书记提出的“政策沟通、设施联通、贸易畅通、资金融通、民心相通”倡议精神，“一带一路”建设要推进基础设施互联互通，深化投资和经贸、产业、能源合作，扩大金融合作，积极推进人文、生态环境保护合作，提升海上合作水平，逐步形成区域合作的大格局。

（一）优先推进基础设施互联互通

加强基础设施建设，推动跨国、跨区域互联互通是共建“一带一路”的优先合作方向。目前，我国与“一带一路”沿线国家基础设施互联互通建设滞后，多数骨干通道存在缺失路段，不少通道等级低，通而不畅。部分跨境项目建设条件复杂，资金需求大，协调难度高。今后一个时期，要加强国家和地区间交通建设规划的对接，以沿线中心城市为支撑，连接主要能源资源区块、重点产业集聚区，共同优先推进骨干通道建设，优先打通缺失路段，畅通瓶颈路段，提升道路通达水平，构建联通内外、安全畅通、绿色高效的国际大通道。

（二）深入挖掘经贸合作潜力

近年来，我国与“一带一路”沿线国家贸易快速发展，但贸易结构仍不够合理，服务贸易规模较小，贸易便利化程度也有待进一步提高。要推动与沿线国家巩固传统贸易，积极培育新的贸易增长点，进一步创新贸易

方式，不断提高贸易便利化水平，深化与沿线国家在海关、标准、检验检疫等方面的多双边合作，改善边境口岸通关设施条件。

（三）拓展产业投资合作

深化产业投资和优势产能合作，这契合“一带一路”沿线国家实现工业化的需要，是促进沿线国家经济深度融合的重要途径。要顺应沿线国家加快工业化的趋势，进一步鼓励和引导国内企业到沿线国家投资兴业，合作建设产业园区，将我国的优势产能和沿线国家市场、资源等比较优势结合起来，帮助沿线国家发展特色产业，提升产业层次、增加当地就业、壮大企业实力，支持沿线国家建立产业体系。

（四）深化能源资源合作

“一带一路”沿线许多国家资源丰富，与中国在能源资源合作方面具有较好的基础，未来合作前景十分广阔。要本着互利共赢的原则，不断完善能源合作机制，建立稳定的供求关系，深化能源生产、运输、加工等多环节合作。同时，加强能效和新能源开发等领域的合作，提升能源资源深加工能力，合作开发水能、光伏、风能、生物质能等资源，拓展合作的领域和空间。

（五）拓宽金融合作

资金融通是“一带一路”建设的重要支撑。“一带一路”沿线多数是发展中国家和新兴经济体，基础设施建设、能源资源开发、产业发展等需要大量的资金投入，这些资金远远超出当地资金供给能力，原有国际金融组织提供的资金不能满足其发展需求。同时，“一带一路”基础设施建设具有资金需求量大、回报周期长、涉及国家和币种多等特点，需要创新金融合作模式，打造金融合作平台，畅通投融资渠道，形成多层次、立体化、高效率的金融支持体系。为满足沿线国家互联互通与产业合作的融资需求，支持重大项目建设，需要发挥好亚洲基础设施投资银行和丝路基金的作用，进一步发挥金砖国家新开发银行的作用，并加强与世界银行和亚洲开发银行等国际金融机构的合作，为“一带一路”建设提供有力的融资支持。

（六）密切人文交流合作

坚持弘扬和传承丝绸之路的友好合作精神，为深化合作奠定坚实的民意基础。在教育领域，继续增加向沿线国家提供政府奖学金名额，资助沿线国家有关人员来华研修培训。在文化领域，共同开发丝绸之路沿线古老璀璨的历史文化资源，开展不同类型、多种形式的文化交流合作。在旅游领域，加强与沿线国家旅游合作，打造具有丝路特色的精品旅游线路和旅游产品。同时，广泛开展教育、科技、文化、卫生、体育、生态环保、扶贫减灾等领域的合作。

（七）加强生态环境合作

应对全球气候变化挑战、实现可持续发展，是“一带一路”沿线国家面临的共同课题。要致力于建设“绿色丝绸之路”，用绿色发展理念指导“一带一路”合作，与沿线各国建立健全有效的对话机制和联动机制，规划实施一批各方共同参与的重大项目，统筹推进区域内生态建设和环境保护，积极履行应对气候变化等国际责任。

（八）积极推进海上合作

共建21世纪海上丝绸之路，重点依托海上合作，发展海上贸易和海洋经济，打造一批海上合作支点港口，维护海上大通道的安全畅通。同时，与“一带一路”沿线国家深化农业渔业、海洋环保、航道安全、海上搜救、防灾减灾等领域的合作。以海水养殖、远洋渔业加工、新能源与可再生能源、海水淡化、海洋生物制药、海洋工程技术、环保产业和海上旅游等领域为重点，合作建立一批海洋经济示范区、海洋科技合作园、境外经贸合作区和海洋人才培训基地等。

第三节　构建开放型经济新体制

构建开放型经济新体制，是发展更高层次开放型经济的客观要求，是建设全面开放体系的制度基础。要适应经济全球化新形势，准确判断国际形势新变化，深刻把握国内改革发展新要求，推进更高水平对外开放，加快构建开放型经济新体制。

一、构建开放型经济新体制的总体要求

构建开放型经济新体制，要求营造法治化、国际化、便利化的营商环境，健全有利于合作共赢的体制机制，形成同国际贸易投资规则相适应的体制机制。

（一）营造法治化、国际化、便利化的营商环境

营造法治化、国际化、便利化的营商环境，就是要努力营造公平公正的法治环境、平等竞争的市场环境、透明高效的行政环境。具体来说，就是要依法管理开放，用法治办法解决开放中遇到的问题，不断完善涉外法律法规体系，做到重大开放举措于法有据；建立统一开放、竞争有序的市场体系和监管规则，尊重非歧视性规则的国际营商惯例，平等对待包括外商投资企业在内的所有市场主体；在贸易、投资等对外开放领域全面推进管理体制便利化，健全服务保障体系，提高为市场主体服务的便利化水平。

（二）健全有利于合作共赢的体制机制

当前，全球产业链、供应链、价值链加速整合，各国相互联动、机遇共享、命运与共的利益交融关系日益凸显。健全有利于合作共赢的体制机制，就是要完善市场准入和监管机制，健全产权保护、信用体系等方面的制度，并通过统筹双边、多边、区域、次区域开放合作，与各国在合作中

扩大共同利益，以共同利益推进互利合作。

（三）形成同国际贸易投资规则相适应的体制机制

随着国际政治经济环境发生深刻变化，全球贸易投资规则体系加快重构。形成同国际贸易投资规则相适应的体制机制，就是要积极主动从制度和规则层面进行改革，适应国际规则新变化，全面推进外贸、外资等领域管理体制便利化，全面实行准入前国民待遇加负面清单管理制度，健全对外开放中有效维护国家利益和国家安全的体制机制，以体制机制创新赢得国际竞争的主动权。

二、构建开放型经济新体制的主要任务

经过多年努力，我国已初步建立起符合自身国情和世贸规则的开放型经济体制，但在贸易便利化、外商投资管理模式、对外投资管理体制等方面，仍不完全适应对外开放新形势。构建开放型经济新体制，要建立贸易便利化体制机制，创新外商投资管理体制，完善境外投资管理体制，有序扩大服务业对外开放，构建开放安全的金融体系，完善涉外法律法规体系，建立健全风险防控体系。

（一）建立贸易便利化体制机制

近年来，信息技术的广泛应用推动跨境电子商务、市场采购贸易等新型贸易方式迅速发展，服务业快速发展使服务贸易成为新兴领域。提高贸易便利化水平，就要加强国际协调，解决跨境电子商务在境内外的标准、支付、物流、通关、检验检疫、税收等方面的问题，建立便利跨境电子商务等新型贸易方式的体制机制；健全服务贸易促进体系，建立与服务贸易相适应的口岸管理和通关协作模式。与此同时，要全面实施单一窗口和通关一体化，推行口岸管理部门“联合查验、一次放行”等协作机制，保持传统贸易方式竞争优势，促进外贸可持续发展。

（二）创新外商投资管理体制

在准入前国民待遇加负面清单管理制度已成为国际投资规则新趋势的背景下，全面实行准入前国民待遇加负面清单管理制度，促进内外资企业一视同仁、公平竞争，可以为我国企业境外投资创造良好的外部环境，也有助于平衡我国“引进来”和“走出去”的双向利益。要全面实行准入前国民待遇加负面清单管理制度，逐步缩减负面清单事项，并建立健全与负面清单管理制度相适应的外商投资安全审查制度。

（三）完善境外投资管理体制

在完善境外投资管理体制上，要放宽境外投资限制，简化境外投资管理程序，除少数有特殊规定外，境外投资项目一律实行备案管理。在健全对外投资促进政策和服务体系上，要清理取消束缚对外投资的各种不合理限制，让企业放开手脚闯世界；完善对外投资合作国别指南和产业指引，为企业提供便利服务；推动中资金融机构海外网点建设，加强对境外企业的金融服务；引导境外企业属地化经营，促进企业将履行社会责任常态化制度化。

（四）有序扩大服务业对外开放

相比较于制造业，我国服务业对外开放明显滞后，服务贸易发展水平偏低，高端服务业领域竞争力较弱。有序扩大服务业对外开放，不仅有利于提升服务业竞争力，而且有利于推动服务业与制造业在开放中融合发展，提升我国制造业在全球价值链中的地位。要重点推进金融、教育、文化、医疗等服务业领域有序开放，特别是放宽银行、保险、证券、养老等市场，推动对外开放迈出更大步伐。

（五）构建开放安全的金融体系

扩大金融业对内对外双向开放，是形成对外开放新体制的重要环节。要在加强审慎监管和有效管控风险的基础上，有序实现人民币资本项目可兑换，稳步推进人民币国际化。进一步便利境外机构投资境内债券市场，探索境外发债备案制，稳妥推进境内金融机构和企业赴境外发行人民币债券。加快人民币离岸市场建设，扩大人民币的境外循环。推进资本市场双向开放，改进并逐步取消境内外投资额度限制。

（六）完善涉外法律法规体系

强化涉外法律服务，推动同更多国家签署司法协助协定，维护我国公民、法人在海外的正当权益。近年来，我国出境人员数量迅速增长，越来越多的国家为吸引我国游客而放宽签证限制。要争取同更多国家互免或简化签证手续，为我国公民出境创造更加便利的条件。

（七）建立健全风险防控体系

在扩大开放的同时，要切实提升风险防控能力。加强国别政治、经济、安全风险分析，为企业投资决策提供科学依据。建立健全境外中资企业和境外国有资产监管机制。健全金融风险防控体系，提高对跨境资本流动的监测和风险防控能力，完善反洗钱、反恐怖融资、反逃税监管措施。构建海外利益保护体系，健全安全风险预警机制和突发事件应急处置机制，切实保障境外人员和财产安全。

第四节　积极主动参与全球经济治理

当前，经济全球化进程不断深化，全球经济格局正发生着深刻变革，需要全球合作应对的全球性挑战增加，全球经济治理格局亟待进行相应变革，从而在根本上维护全球经济的稳定和发展。

一、全球经济治理变革是大势所趋

新兴经济体在全球经济中扮演着日益重要的角色，不断增多的全球性挑战需要各国共同应对，国际社会期待中国积极参与，这些都是推动全球经济治理变革的重要因素。

（一）反映国际力量对比消长变化

2008年国际金融危机发生后，新兴经济体和发展中国家快速发展，部分新兴经济体成为全球经济增长的领跑者，国际影响力不断增强，使国际力量对比发生了近代以来最具革命性的变化。虽然美国、欧盟、日本仍是全球主要经济体，但新兴经济体和发展中国家将加快崛起，到2035年新兴经济体和发展中国家经济总规模将超过发达经济体，在全球经济和投资中的比重接近60%。西方国家面临政治、经济、社会危机，内顾倾向上升。提高新兴经济体和发展中国家的代表性和话语权，使全球经济治理体系更好地反映国际经济力量对比新格局，是构建更加公正合理的国际政治经济新秩序的必然要求。

（二）应对不断增多的全球性挑战

现行全球经济治理体系主要建立于第二次世界大战结束后，跟不上时代发展，不适应现实需要的地方越来越多。随着各方面治理赤字积重难返，国际社会对变革全球治理体系的呼声日益高涨。一方面，世界面临一系列传统和非传统安全威胁，各种全球性挑战层出不穷；另一方面，世界各国利益高度融合、彼此相互依存，已经成为你中有我、我中有你的命运共同体。正如党的十九大报告指出的那样："没有哪个国家能够独自应对人类面临的各种挑战，也没有哪个国家能够退回到自我封闭的孤岛。"各国唯有合作加强全球治理，才能共同应对挑战，实现同舟共济。

（三）国际社会期待中国积极参与

随着我国综合国力不断增强，国际地位实现前所未有的提升，国际影响力、感召力、塑造力进一步提高，日益走近世界舞台中央。中国同世界的关系进入新阶段，国内国际两个大局联系更加紧密。全球治理体系和国际秩序变革加速推进，处于重要的历史转折点上，对我国发展的影响越来越深刻。通过建设性参与全球经济治理体系变革，使之更加平等公正、更加有利于促进全球经济的长久繁荣，是实现我国经济可持续发展的必然要求，也是国际社会对中国的热切期待。习近平总书记指出："世界那么大，问题那么多，国际社会期待听到中国声音、看到中国方案，中国不能缺席。"在全球治理体系变革等关乎人类前途命运的重大课题上，中国将始终做世界和平的建设者、全球发展的贡献者、国际秩序的维护者。

二、积极推动全球经济治理体系变革

当前的国际体系建立于"二战"之后，维护和完善现有国际秩序和国际体系，继续维护开放型世界经济体制，符合我国的国家利益。与此同时，现有全球经济治理体系中还存在一些不公正不合理的安排，全球经济治理格局的调整也滞后于"二战"以来全球经济格局的变化。我们要在维护现有体系总体稳定的基础上，积极稳妥推动全球经济治理体系变革，促进国际经济秩序朝着平等公正、合作共赢的方向发展。

（一）加强国际宏观经济政策协调

在经济全球化进程不断加深的今天，中国作为全球第二大经济体，日益融入全球经济体系，对周边国家及全球经济的影响与日俱增，同时也受到其他国家和全球金融市场的影响。因此，做好国际宏观经济政策协调工作，利用多边和双边平台进行建设性对话，有利于为我国经济发展创造有利的国际环境，也有助于促进全球经济的稳定和发展。为此，我们需要积极利用二十国集团、世界银行、国际货币基金组织、国际清算银行、金融稳定理事会和巴塞尔银行监管委员会等多边平台，全面参与国际经济金融政策协调，共同促进全球经济增长，维护国际金融稳定。

（二）推动形成公正合理透明的国际经贸规则体系

2008年国际金融危机爆发以来，世界经济复苏一波三折，不确定性因素增多。在此背景下，贸易保护主义抬头，多边贸易体系面临诸多挑战。目前，全球贸易体系正在经历自1994年乌拉圭回合谈判以来最大的一轮重构。我国必须抓住机遇，以更加积极的姿态参与多边贸易体制谈判和现有国际规则的完善，积极推动多边贸易谈判进程，避免全球贸易治理体系碎片化，促进建立均衡、共赢、包容发展的多边贸易体制，推动形成公正合理透明的国际经贸规则体系，减少和消除贸易投资壁垒，为我国继续深入参与全球经贸活动创造良好条件。

（三）促进国际货币体系和国际金融监管改革

良好有序的国际货币体系是支撑全球经济健康发展的重要基础。我们需要推动主要储备货币发行经济体切实担负应有的责任，加强同各国的政策协调。积极推动金融改革和对外开放，有序实现人民币资本项目可兑换，推动人民币国际化进程。推动金融部门改革，提高金融体系的稳健性，维护全球金融稳定，使金融体系真正依靠、服务、促进实体经济发展。加强对资本流动的统计和监测，促进资本有序流动，维护全球金融稳定。适时引进和落实国际金融监管改革和稳健标准新规，加强跨境监管合作，牢牢守住不发生系统性和区域性金融风险的底线。积极参与并推动全球对普惠金融和金融基础设施建设的关注，分享我国的成功经验，推动金融体系造福低收入人群。

（四）形成高标准自由贸易区网络

加快实施自由贸易区战略是新一轮对外开放的重要内容，有助于促进贸易和投资，促进多边问题的解决和国际经贸规则的完善，提升我国在全球经济治理结构中的话语权和影响力。传统自贸协定的重点是降低关税和非关税贸易壁垒，随着服务贸易和投资在全球迅速发展，高标准的自贸协定已逐渐成为趋势，涵盖范围包括货物贸易、服务贸易和投资，开放标准和自由化程度更高。为此，我国应积极发挥建设性作用，推动区域全面经济伙伴关系协定谈判，以周边为基础加快实施自由贸易区战略。同时，坚持开放的区域主义，协调推进跨区域合作，致力于形成面向全球的高标准自由贸易区网络，实现我国与相关国家的互利共赢，营造对我国有利的国际经济环境。

第十一章

建设充分发挥市场作用、更好发挥政府作用的经济体制

建设现代化经济体系，需要构建充分发挥市场作用、更好发挥政府作用的经济体制，进而实现市场机制有效、微观主体有活力、宏观调控有度。今后一个时期，要完善产权制度和深化要素市场化配置改革，创新和完善宏观调控，使市场在资源配置中起决定性作用，更好发挥政府作用。

第一节　进一步完善产权制度

改革开放以来，我国完善产权制度工作取得积极进展，产权保护的范围不断扩大，产权主体的平等性不断提高。与此同时，随着经济发展和社会财富不断积累，人们对产权保护的要求越来越迫切，对产权保护的强度、范围与完整性的要求越来越高，而现有产权制度与经济社会发展要求还有诸多不适应、不匹配与不协调。党的十九大强调，经济体制改革必须以完善产权制度和要素市场化配置为重点。进一步完善产权制度，是深化经济体制改革、夯实社会主义市场经济基础性制度、增强微观主体活力的必由之路。

一、完善产权制度的重大意义

产权制度是市场经济的基础性制度。产权不同于所有权，产权是以所有权为基础派生的一组权利束，包括使用权、经营权、收益权和处置权及其分解出的其他权利。对所有权派生的各项权能进行法律界定就是产权制度。完善的产权制度有利于深化市场分工，降低交易成本，提高资源配置效率。进一步完善产权制度，最重要的是健全以公平为核心原则的产权保护制度。只有产权得到平等有效的保护，才能有效激励市场主体创新和投资。

（一）完善产权制度是巩固和完善基本经济制度的内在要求

公有制为主体、多种所有制经济共同发展是我国的基本经济制度。公有制经济和非公有制经济都是社会主义市场经济的重要组成部分，都是我国经济社会发展的重要基础。改革开放以来，我国民营经济从小到大、由弱变强，已经成为推动我国发展不可或缺的力量。民营经济贡献了我国50%以上的税收，60%以上的国内生产总值，70%以上的科技创新成果，80%以上的城镇劳动就业，90%以上的企业数量。健全以公平为核心的产权保护制度，依法保护各种所有制经济产权的合法权益，保障公民和法人的财产权利，是完善基本经济制度的内在要求。

在社会主义基本经济制度下，要完善产权保护制度，就要对不同所有制、不同主体实行平等保护，不仅保护公有制经济，也要保护非公有制经济，“公有制经济财产权不可侵犯，非公有制经济财产权同样不可侵犯”。社会主义基本经济制度的根本目标是解放和发展生产力。只有完善产权保护制度，才能提高企业的生产效率，提高科技创新能力，释放物质资本和人力资本的生产潜力。只有保证各种所有制经济依法平等使用生产要素、公平参与市场竞争、同等受到法律保护，才能激发各类市场主体的活力和创造力，才能为经济发展提供持续动力。

（二）完善产权制度是国家治理体系和治理能力现代化的重要内涵

国家治理体系和治理能力是一个有机整体，相辅相成，有了好的国家治理体系才能提高国家治理能力，提高国家治理能力才能充分发挥国家治理体系的效能。相比我国经济社会发展要求，相比人民群众期待，相比实现国家长治久安，我国在实现国家治理体系和治理能力现代化方面还有许多亟待改进的地方。国家治理体系不完善和治理能力不足，在经济方面表现为社会主义市场经济体制还不够完善，市场体系还不健全，政府和市场的关系还没有完全理顺，政府对非公有制经济的产权保护还不完善，市场在资源配置中的作用有效发挥受到诸多制约。

伴随我国经济社会发展水平和人民生活水平不断提高，人民群众的公平意识、民主意识、权利意识不断增强，对破坏产权保护的社会不公问题反映越来越强烈。完善产权保护制度，推进国家治理体系和治理能力现代化，就要扩大权利平等范围，适应时代变化，改革不适应实践发展要求的产权保护体制机制、法律法规，不断构建新的更完善的产权保护体制机制、法律法规，使产权保护制度更加科学、更加完善。增强按制度办事、依法办事意识，善于运用制度和法律治理国家，提升国家保护产权的效能。

（三）完善产权制度是进一步激励企业家创业创新的重要制度安排

企业家在财富创造和产品技术的创新过程中起着无可替代的作用。企业家通过组织调配要素资源，降低市场交易费用，将资源更有效地组织起来，提高资源的配置效率，增加了社会财富。企业家是创新的主体。企业家通过把生产要素和生产条件的“新组合”引入生产体系，“创造性地破坏”现有经济循环的惯性轨道，形成新的生产能力，推动经济持续发展。

创业创新需要企业家承担风险。没有完善的产权保护制度，就无法为企业家收回投资提供保障，这会降低企业家的投资预期，使其不敢承担风险，不敢从事创业创新。提振企业家信心，对促进企业家增加投资，研发新产品和新技术，扩大社会总需求有重要作用。为扩大社会投资需求，增加新产品和新技术的供给，激发企业家的创新动力，必须加快完善产权保护制度，提振企业家信心，提高他们投资和创新的积极性。

二、健全以公平为核心原则的产权保护制度

改革开放以来，我国确立了公有制为主体、多种所有制经济共同发展的基本经济制度，形成了比较完整的产权保护体系，但在实践中仍存在重公有、轻民营的现象。必须进一步完善产权制度，健全以公平为核心原则的产权保护制度，加强对各种所有制经济的产权保护。

（一）保障各种所有制经济依法平等使用生产要素

健全以公平为核心原则的产权保护制度，要保障各种所有制经济依法平等使用生产要素。受多种因素制约，在要素资源的分配与产业领域的准入上，公有制经济往往具有有利地位，这事实上提高了非公有制经济使用土地、资金等生产要素的成本。各种行政审批制度导致民营企业不能平等获得生产要素和资源，间接影响了民营企业的合法权益。特别是中小企业在获得各类政府资助项目、土地资源、银行贷款等方面处于弱势地位。在银行贷款、政府资助项目等的配置中，国有企业往往处于优先地位，以更

低的成本和更多的机会获得要素资源，而民营企业获取这些要素资源的门槛更高，机会更少。健全以公平为核心原则的产权保护制度，就要保障非公有制经济使用生产要素的平等权利，使民营企业有同等机会以同等价格获取土地、资金等生产要素，增加平等获取生产要素的机会。

（二）保障各种所有制经济公开公平公正参与市场竞争

健全以公平为核心原则的产权保护制度，要保障各种所有制经济公开公平公正参与市场竞争。民营企业在参与市场公开公平公正竞争方面仍存在一些制度障碍，在与国有企业竞争中往往处于弱势地位。比如，受资金筹措能力和发展水平的制约，民营企业在产业结构调整时往往成为调整对象，投资收益难以保障。当民营企业并购国有企业时，一些政府部门往往以国有资产流失等理由阻止正常的企业并购行为。民间资本进入金融、医疗、教育等领域时，仍有附加条件。民间资本组建或参与组建商业银行、证券公司、保险公司等金融机构仍面临较高的准入门槛。国务院先后制定和出台一系列鼓励民间投资的政策，但在实际操作中，因为部门和地方利益，政策难以落实。健全以公平为核心原则的产权保护制度，就要破除制约民营企业参与市场竞争的各类障碍和隐性壁垒，切实消除在准入许可、经营运行、招投标等方面的不平等待遇。

（三）营造各种所有制经济同等受到法律保护的制度环境

健全以公平为核心原则的产权保护制度，必须要营造各种所有制经济同等受到法律保护的制度环境。改革开放以来，我国的司法部门不断完善制度，在保护各种所有制企业包括非公有制经济产权方面发挥了重要作用。但是，与促进非公有制经济健康发展的要求相比，在保护非公有制经济的合法产权方面，还有需要改进的地方。比如：执法中随意性较大、执法方式不当、行政干预司法等，导致民营企业和企业主的产权受到侵犯；法律法规缺少明确的细则，导致民营企业产权得不到有效保护。健全以公平为核心原则的产权保护制度，就要在法律保护制度上对民营企业一视同仁，减少执法中存在的随意性，解决执法不当和行政干预司法等问题，为民营企业保驾护航。

总之，健全以公平为核心原则的产权保护制度，关键是营造促进各种所有制经济依法平等使用生产要素、公开公平公正参与市场竞争、同等受到法律保护的良好制度环境，对各类市场主体一视同仁，营造公平竞争的市场环境、政策环境、法治环境，确保权利平等、机会平等、规则平等。

第二节　深化要素市场化配置改革

深化要素市场化配置改革，是加快完善社会主义市场经济体制的内在要求。加快完善社会主义市场经济体制，充分发挥市场配置资源的功能，提高资源配置效率和全要素生产率，推动经济高质量发展，必须深化要素市场化配置改革，清除要素自由流动的体制机制障碍，实现要素价格市场决定、流动自主有序、配置高效公平。

一、深化要素市场化配置改革的重要性

改革开放40多年来，我国商品和服务市场发展迅速，目前98%的商品和服务已由市场定价，但要素市场发育明显滞后，要素市场化配置范围相对有限，要素流动存在体制机制障碍，要素价格形成机制不健全。

一是要素市场存在双轨运行现象。比如：国有和集体土地同地不同权，农村土地长期被排斥在土地市场之外；城市土地市场中既有通过招拍挂等市场手段获得的土地，又有通过协议出让或其他渠道获得的土地。

二是要素流动存在市场壁垒。比如，城乡或不同城市之间的户籍壁垒和公共服务供给不均等，妨碍劳动力的自由流动。资本市场上，交易所和银行间债券市场的参与主体、交易品种和托管清算均未实现统一。

三是要素价格形成机制不健全。政府定价范围仍然过宽，存在定价规则不透明、政府不当干预等问题。

上述问题的背后都有其深刻的体制根源。可以说，加快要素市场化配置改革，形成统一开放、竞争有序的市场体系，增强市场配置资源的功能，是解决这些问题的根本途径。

二、深化要素市场化配置改革的主要任务

深化要素市场化配置改革，要充分发挥市场配置资源的决定性作用，畅通要素流动渠道，保障不同市场主体平等获取生产要素，推动要素依据市场规则、市场价格、市场竞争实现效益最大化和效率最优化。更好发挥政府作用，完善政府调节和监管职能，提升监管和服务能力，引导各类要素向先进生产力集聚。

（一）深化土地、劳动力、资本等要素市场化配置改革

改革开放以来，我国土地、劳动力、资本等要素改革取得积极进展，但尚未实现市场化机制全覆盖，仍不同程度地存在“双轨制”，深化改革的任务依然艰巨。针对农村土地长期被排斥在土地市场之外，城市土地市场存在通过招拍挂和协议出让等方式获得土地的情况，要推进农村集体经营性建设用地入市，扩大国有土地有偿使用范围等改革；针对农业转移人口受到户籍制度和公共服务供给不均等的制约，难以实现市民化的问题，要加快放开放宽除个别超大城市外的城市落户限制，建立城镇教育、就业、创业、医疗卫生等基本公共服务与常住人口挂钩机制等；针对金融资源主要流向国有大中型企业，中小企业融资难、融资贵等问题，要加快放开金融服务业市场准入，增加服务小微企业和民营企业的金融服务供给，构建多层次、广覆盖、有差异、大中小合理分工的银行机构体系。推进这些改革，对扩大土地、劳动力、资本等要素市场化配置范围，破除要素流动的体制机制障碍等，都将起到重要推动作用。

（二）加快培育技术和数据要素市场

由于产权制度不完善，特别是体制内职务科技成果的产权界定不清晰，以及数据的产权界定规则尚未建立，我国的技术和数据要素市场发育迟缓。深化要素市场化配置改革，要健全职务科技成果产权制度，开展赋予科研人员职务科技成果所有权或长期使用权试点，培育发展技术转移机构和技术经理人。与此同时，根据数据性质完善产权性质，培育发展新型

要素形态，提升数据资源价值，加强数据资源整合和安全保护，推动数字经济等新产业、新业态和新模式发展。在新一轮科技革命和产业变革迅猛发展，大数据、物联网、人工智能等成为国际竞争制高点的背景下，加快培育技术和数据要素市场，对于增强我国国际竞争力和推动经济高质量发展具有重要意义。

（三）加快要素价格市场化改革

改革的方向是，凡是能由市场形成价格的都要交给市场，政府不进行不当干预，通过市场竞争形成价格，进而调节供求关系，优化资源配置。要通过完善城乡基准地价、标定地价的制定与发布制度，逐步形成与市场价格挂钩的动态调整机制；健全最低工资标准调整、工资集体协商和企业薪酬调查制度；稳妥推进存贷款基准利率与市场利率并轨等改革举措，加快形成主要由市场决定要素价格的机制。在政府管理的价格领域，要推动政府定价机制由制定具体价格水平向制定定价规则转变，也就是政府从“定价格”向“定规则”转变，引导市场主体依法合理行使要素定价自主权，以最大限度发挥市场决定价格的作用。

（四）健全要素市场交易机制

市场交易是市场形成价格的前提。在完善要素市场交易平台方面，要拓展公共资源交易平台功能，完善科技成果交易平台，培育大数据交易市场；在完善要素交易规则和服务方面，要研究制定土地、技术市场交易管理制度；在提升要素交易监管水平方面，要加强反垄断和反不正当竞争执法，完善失信行为认定、失信联合惩戒、信用修复等机制。这些都是我国要素市场运行机制的薄弱环节，需要加强建设。

第三节　更好发挥政府作用

更好发挥政府作用，关键在于进一步厘清政府与市场的边界，创新和完善宏观调控体系，使政府与市场的关系更好地适应建设现代化经济体系的要求。

一、更好发挥政府作用，关键在于明确政府作用的边界

党的十八届三中全会通过的《中共中央关于全面深化改革若干重大问题的决定》明确提出，“使市场在资源配置中起决定性作用和更好发挥政府作用”。这是在我国深化经济体制改革实践基础上具有里程碑意义的理论创新，是对市场经济规律认识的新的重大突破。改革开放40多年来，我国经济发展取得巨大成就，根本原因就是比较好地处理了政府与市场的关系。在循序渐进地推进市场化改革，不断扩大和强化市场配置资源的范围和功能的同时，有效发挥政府动员社会资源、集中力量办大事的作用，政府和市场“两只手”的有效结合，促进我国经济发展不断迈上新台阶。

但也要看到，政府与市场的关系不是僵化不变的，而是不断向前发展的。随着我国经济发展由高速增长阶段转向高质量发展阶段，政府与市场的关系也要进行相应的调整。厘清政府与市场的关系，就要进一步明确政府与市场的边界。市场经济的主体是企业，政府应该是创造环境的主体。政府的职能主要是为市场主体服务，通过保护市场主体的合法权益，维护公平竞争的市场秩序，激发社会成员创造财富的积极性。我国的市场化改革尚未完成，还处在市场完善成熟与政府职能转变的互动过程中。我国发展中面临的突出矛盾和问题，比如产能过剩、供需结构错配、部分商品和要素价格扭曲、地方债务和金融风险累积、市场监管不到位、生态环境破坏比较严重等，有市场不完善、不成熟的原因，但更重要的是，政府职责

边界不清，对资源配置干预过多，管了不该管、管不了也管不好的事情，而应该由政府承担的管理事项还没有完全管住管好。

习近平总书记指出："更好发挥政府作用，不是要更多发挥政府作用，而是要在保证市场发挥决定性作用的前提下，管好那些市场管不了或管不好的事情。"[①]更好发挥政府作用，关键在于明确政府作用的边界，明确政府"应该做什么"和"不应该做什么"。凡是市场能做的事情，就尽量让市场去做。只有市场做不了、做不好的事情才由政府来做。要坚决简政放权，大幅度减少政府对资源的直接配置，用政府权力的减法换取市场作用的加法，切实解决政府职能错位、越位、缺位问题。从厘清政府与市场的关系看，更好发挥政府作用应主要体现在以下几个方面。

（一）保持宏观经济稳定

在市场经济条件下，要避免经济周期性波动、垄断、负外部效应、信息不对称、公共产品供给不足、收入差距扩大等问题，需要政府介入，进行宏观调控，以保持经济运行稳定。进入高质量发展阶段，我国宏观调控需要根据经济阶段性变化、市场化程度提高、金融风险累积和我国与外部互动性增强等多重特征，创新和完善宏观调控方式。首先，要充分考虑经济发展从规模速度型向质量效率型转变的要求，更加注重质量和效益的调控目标，按照质量优于速度的原则，把充分就业、物价稳定、金融稳定放在更加突出的位置。其次，进入新阶段，经济结构出现重大变化，房市、股市、汇市、债市可能出现波动并相互交叉传导，市场预期更加脆弱，要更加注重市场预期管理，加强与市场主体的沟通交流，提高政策透明度，增强在复杂局面下引导预期、管控风险的能力。此外，要更加注重建立健全决策支持体系，促进传统统计方式与互联网、大数据、人工智能等手段相互补充，提高宏观决策的科学性和有效性。

---

① 习近平：《围绕贯彻党的十八届五中全会精神做好当前经济工作》，载中共中央文献研究室编《习近平关于社会主义经济建设论述摘编》，中央文献出版社，2017，第66页。

（二）加强和改善公共服务

提供公共服务是政府的职责。近年来，政府对基本公共服务的财政投入增长较快，但由于历史欠账较多，加之政府职能转变不到位，财政支出中用于公共服务的比重仍然偏低。与此同时，城乡、区域和不同人群之间的基本公共服务供给不均等，公共服务效率也偏低。进入高质量发展阶段，要加快转变政府职能，建设服务型政府，增加财政对公共服务的支出，扩大公共服务覆盖范围，逐步实现基本公共服务均等化。与此同时，要创新公共服务提供方式，更多实行政府购买服务，按照公开公平公正原则，通过竞争择优确定承接主体，并对承接主体实行优胜劣汰。还要放开市场准入，凡是社会力量能办好的，尽可能交给社会力量承担，将适合市场化方式提供的公共服务事项，交由具备条件、信誉良好的社会组织、机构和企业等承担，推动公共服务提供主体多元化。

（三）增强市场监管能力

随着经济快速发展和商事制度改革推进，市场主体“井喷式”增长，市场监管需求快速增加，但政府监管供给严重不足，原有的监管模式已越来越不适应市场经济发展的需要，迫切要求从注重市场主体资质监管向注重产品（服务）质量和生产经营行为监管转变，从以事前审批为主向以事中事后监管为主转变，从以各部门分项监管为主向联合联动监管转变，信息公开方式也要从分散模糊的信息公开向完整透明的信息公开转变。加强市场监管能力建设，已成为更好发挥政府作用的重要着力点。要加强信用信息建设，完善各部门信息资源整合和联动协作机制，同时利用“互联网+”、大数据等现代技术建立网络监管平台。要针对当前市场秩序中存在的制假售假、商业欺诈等突出问题加强监管，特别是要将涉及人民群众身体健康和生命安全的食品、药品等产品质量安全作为监管重点。

（四）合理调节收入分配

进入新阶段，政府调节收入分配的重点是“扩中”“提低”。中等收入人群是构筑可持续发展的橄榄型社会结构的基础。正如习近平总书记强调的那样，“扩大中等收入群体，关系全面建成小康社会目标的实现，是转方式调结构的必然要求”[①]。我国中等收入群体占总人口的比重不足1/4，不仅大幅低于发达国家水平，也明显低于这些国家与我国处在相同发展阶段时的水平。扩大中等收入群体，最根本的是要深化改革。要加快教育制度改革，加大人力资本投资，为越来越多的人进入中等收入群体创造条件。加快户籍制度改革，促进农业人口转入非农部门，促进劳动力在地区、行业、企业之间自由流动，提高劳动力市场灵活性。加快科技体制改革，实行以增加知识价值为导向的分配政策，提高科研人员收入。加快土地制度改革，提高农民财产性收入。与此同时，还要加大对低收入和贫困人口的转移支付力度，加大脱贫攻坚力度，确保到2020年农村贫困人口全部脱贫。

（五）加强生态环境保护

今后一个时期，我国仍处在环境库兹涅茨曲线的拐点期，环境污染压力仍然较大，生态治理任务依然艰巨，对经济发展的硬约束明显强化。我国当前面临的生态环境问题，有自然的、历史的原因，但更重要的是一些地方政府没有很好地履行生态环境保护的责任，甚至不惜降低环保标准进行招商引资，导致对资源的过度需求和对环境的过度损耗。现有体制对生态环境破坏制约和责任追究还不到位，这也在一定程度上助长了破坏生态环境的行为。因此，必须强化政府的生态环境保护职责，全面实现能源、水、土地等资源强度和总量“双降”目标，加大环境治理力度，重点治理大气、水、土壤三大污染，巩固生态环境向好趋势；实施重大生态修复工程和完善生态补偿机制，加强重点生态功能区保护，修复重要自然生态系统。总之，政府要更加主动地采取措施，满足人民群众呼吸新鲜空气、喝干净水、吃安全食品的要求。

近年来，为从体制机制上规范政府行为，各地方积极推动“权力清

---

① 习近平：《坚定不移推进供给侧结构性改革　在发展中不断扩大中等收入群体》，《人民日报》2016年5月17日第1版。

单”“责任清单”和“负面清单”的制定工作，对处理好政府与市场的关系具有制度性创新意义。各级政府要加快落实三个清单，使之更具规范性和可操作性，真正使市场在资源配置中起决定性作用，以更好发挥政府应当发挥的作用。

二、创新和完善宏观调控体系

科学有效的宏观调控是社会主义市场经济体制的重要组成部分。伴随着改革开放以来经济体制的深刻变革，我国宏观调控在实践中创新和发展。特别是1992年党的十四大提出建立社会主义市场经济体制的改革目标后，适应社会主义市场经济条件的宏观调控体系在实践中逐步形成。1993年党的十四届三中全会提出的社会主义市场经济体制框架，把建立健全宏观调控体系作为五大支柱之一。2003年党的十六届三中全会提出完善社会主义市场经济体制的任务，把更大程度地发挥市场在资源配置中的基础性作用、健全宏观调控体系作为重要任务。2013年党的十八届三中全会进一步明确，要使市场在资源配置中起决定性作用和更好发挥政府作用。经济体制改革的不断深化，为创新和完善宏观调控体系提供了制度保障。

改革开放40多年来，特别是党的十四大提出建立社会主义市场经济体制的改革目标以来，中国立足发展社会主义市场经济实践，根据国情合理借鉴市场经济国家的理论和经验，逐步形成了以国家发展规划为战略导向，财政政策、货币政策与产业政策、区域政策等相互协调的宏观经济政策体系。但也要看到，宏观调控在实践中仍然面临一些新问题、新挑战。比如：缺乏体现经济发展质量和效益的调控指标，市场化调控工具尚不完善，行政干预手段使用仍然较多；政策之间效果抵消或负面效应叠加的现象时有发生，调控决策及其实施的规范化、机制化建设滞后，政策传导机制不畅；宏观调控政策实施的法律保障和权威性、执行力不足；等等。随着市场配置资源作用不断增强、宏观调控实践不断丰富，现有宏观调控体系需要在实践中不断创新和完善。更好发挥政府作用，就要创新和完善宏观调控体系，健全各类政策手段协调机制，合理把握宏观调控的度，真正做到宏观调控有度有效。

（一）更加注重质量和效率的调控目标

随着经济由高速增长转向高质量发展阶段，宏观调控要充分落实经济高质量发展的新要求，加快形成高质量发展的指标体系、政策体系、标准体系、统计体系、绩效评价体系、政策考核体系，推动经济发展质量变革、效率变革、动力变革，更加注重质量和效率的调控目标，在明确经济增长预期目标的同时，把充分就业、物价稳定、金融稳定放在更加突出的位置。今后一个时期，尤其要针对实体经济盈利能力下降、金融“脱实向虚”、资产泡沫和风险聚集等问题，把防控金融风险放到更加重要的位置，在保持经济和金融总体稳定的前提下，下决心处置一批风险点。

（二）更加注重从投资导向转向消费导向

长期以来，中国经济发展投资主导特征十分明显，稳投资成为稳增长的重要条件。但过去一个时期，固定资产投资增速已连续10年回落，对经济增长的贡献率持续下降。与此同时，2015年以来消费对经济增长的贡献率则在50%以上。投资增速下降、消费贡献率上升、国内市场扩容，标志着中国经济增长对投资的依赖度下降，消费对经济增长的主导作用日益明显。宏观经济政策的着力点应该从投资导向转向消费导向，更加重视消费结构、消费周期等方面的一系列新变化，创新宏观调控方式，更多采取间接性、引导性调控手段，构建适应消费主导时代的宏观经济政策体系。

（三）更加注重拓展财政政策作用空间

我国宏观经济政策体系中，财政政策具有重要的地位。经济转向高质量发展阶段，市场主导型结构调整路径，要求改变运用财政资金直接推动结构调整的做法，增加教育、医疗、社会保障安全网方面的支出。在财政收入方面，要降低企业税费负担，降低社会保险费，清理各种不合理收费，营造公平的税负环境。这就要求调整财政支出结构并提高财政资金利用效率，同时从调整中央和地方政府债务结构、构建地方主体税种等方面保障政府中长期收支平衡，为发挥财政政策作用拓展空间。

（四）更加注重完善货币政策传导机制

长期以来，我国货币政策具有价格型和数量型政策工具、市场化和非市场化政策工具综合使用的特点，根源在于利率传导机制不健全。随着我国金融市场机制和金融机构治理机制的不断完善，货币政策的传导渠道更为畅通，加之我国和世界的联系更加紧密，人民币国际化背景下资本双向流动更加频繁，原来一些行之有效的数量型政策效力趋于下降，而价格型政策的传导机制并不健全，要求完善货币政策传导机制，构建目标利率和利率走廊机制，推动货币政策操作的工具从以数量型工具为主转向以价格型工具为主。

（五）更加注重加强政策协调配合

中国特色的宏观经济政策体系，既要发挥财政政策、货币政策的主导作用，同时又要促进财政政策、货币政策与产业政策、区域政策等政策的协调配合。这就要求建立健全重大政策统筹协调机制，加强财政和货币政策协调配合，实现财政与货币政策的协同效应，避免政策效力过度叠加或相互抵消，形成政策合力，提高宏观调控效率。同时，还要加强财政、货币政策与产业、区域等政策的协调，提高宏观经济政策体系的有效性。

（六）更加注重合理引导市场预期

随着经济市场化进程不断加快，市场主体日趋多元化，对政策信号更趋敏感，对市场预期管理的要求也越来越高。过去几年，我国房市、股市、汇市、债市都出现过波动，各类风险的传导性也在提高，市场预期更加敏感。要更加注重市场预期管理，加强与市场主体的沟通交流，提高政策透明度，重大政策出台或者发生重大突发事件时做好权威解读工作，让市场主体能够更好地理解政策意图，防止误判，避免市场过度波动，增强在复杂局面下引导预期、管控风险的能力。

（七）更加注重建立健全决策支持体系

加强经济监测预测预警，提高国际国内形势分析研判水平。强化重大问题研究和政策储备，完善政策分析评估及调整机制。加快完善统计法规和制度，加大对统计数据造假行为的惩戒力度。建立现代统计调查体系，推进统计调查制度、机制、方法创新。注重运用互联网、统计云、大数据技术，提高宏观数据信息及时性、全面性和准确性。加快完善政府信息共享平台，增进信息实时共享和互通，打破政府部门信息孤岛。

（八）更加注重国际宏观政策协调

随着我国经济体量增大和全面开放新格局形成，我国与全球经济的互动性明显增强。作为全球第二大经济体，我国经济对全球经济的溢出效应开始显现，而且边际效应影响也在增大。要密切关注国际经济金融形势和主要经济体宏观经济政策变化，更加注重国际宏观政策协调，主动加强与主要经济体和国际机构的沟通对话，充分利用我国经济体量增大、对全球经济增长贡献上升的契机，主动创设议题，逐步完善多边或双边协调机制，增强在内外互动条件下驾驭经济、应对外部挑战的能力。

参考文献

［1］习近平. 深刻认识建设现代化经济体系重要性 推动我国经济发展焕发新活力迈上新台阶［N］. 人民日报，2018-02-01（1）.

［2］王一鸣，陈昌盛，等. 重构新平衡：宏观经济形势展望与供给侧结构性改革［M］. 北京：中国发展出版社，2016.

［3］王一鸣，陈昌盛，等. 聚力供给侧：宏观经济形势展望与深化供给侧结构性改革［M］. 北京：中国发展出版社，2017.

［4］王一鸣，陈昌盛，等. 高质量发展：宏观经济形势展望与打好三大攻坚战［M］. 北京：中国发展出版社，2018.

［5］王一鸣，陈昌盛，等. 打造升级版：深化供给侧结构性改革［M］. 北京：中国发展出版社，2019.

［6］国务院发展研究中心课题组. 打好风险攻坚战：思路与对策［M］. 北京：中国发展出版社，2017.

［7］刘世锦，等. 陷阱还是高墙？［M］. 北京：中信出版社，2011.

［8］国务院发展研究中心，财务部，世界银行. 创新中国：培育中国经济增长新动能［M］北京：中国发展出版社，2019.

［9］高培勇. 现代化经济体系建设理论大纲［M］. 北京：人民出版社，2019.

［10］王一鸣，黄毅. 中国金融展望2018：开启高质量发展之路［M］. 北京：中国发展出版社，2018.

［11］刘世锦. 中国经济增长十年展望（2019—2028）：建设高标准市场经济［M］. 北京：中信出版集团，2019.

［12］王一鸣. 新时代我国社会主义现代化建设的行动纲领［J］. 求是，2017（23）：41-42.

［13］刘志彪. 把握现代化经济体系的内涵和重点［N］. 人民日报，2018-06-24（5）.

［14］赵昌文. 现代化经济体系全面体现新发展理念［N］. 人民日报，2018-06-24（5）.

［15］汪同三. 深入理解我国经济转向高质量发展［N］. 人民日报，2018-06-07（7）.

［16］刘世锦. 优先推动与高质量发展配套的改革［N］. 经济参考报，2018-08-29（7）.

［17］王一鸣. 向高质量发展转变要完成三个转型：高质量发展十策［N］. 北京日报，2018-04-02（13）.

［18］王一鸣. 推动高质量发展取得新进展［J］. 求是，2018（7）：44-46.

［19］王一鸣. 加快建设新时期现代化经济体系［J］. 中国金融，2017（21）：14-16.

［20］王昌林. 扎实推进现代化经济体系建设［J］. 求是，2018（1）：31-33.

［21］赵昌文. 加快建设协同发展的产业体系［J］. 求是，2018（1）：53-54.

［22］王一鸣. 中国经济新一轮动力转换与路径选择［J］. 管理世界，2017（2）：1-14.

［23］刘世锦. 建立公平开放透明的市场规则［J］. 中国发展观察，2013（11）：4-6.

［24］韩俊，任兴洲. 建设统一开放竞争有序的市场体系［N］. 人民日报，2013-11-20（7）.

［25］姜大明. 建立城乡统一的建设用地市场［J］. 国土资源导刊，2013（12）：32-35.

［26］胡莹，郑礼肖. 十八大以来我国收入分配制度改革的新经验与新成就［J］. 马克思主义研究，2018（2）：62–71.

［27］张亮. 改革开放40年中国收入分配制度改革回顾及展望［J］. 中国发展观察，2019（1）：23–29 .

［28］王一鸣. 扩大中等收入群体是转方式调结构的必然要求［N］. 光明日报，2016–07–14（1）.

［29］王一鸣. “十三五”时期推动区域协调发展的几点思考［J］. 中国发展观察，2016（3）：15–17.

［30］金三林，曹丹丘，林晓莉. 从城乡二元到城乡融合：新中国成立70年来城乡关系的演进及启示［J］. 经济纵横，2019（8）：13–19.

［31］史育龙. 充分发挥陆海统筹的战略引领作用［N］. 人民日报，2018–07–01（5）.

［32］王一鸣. 形成对外开放新体制［N］. 经济日报，2015–11–24（1）.

［33］王一鸣. 为经济全球化注入新动力［N］. 人民日报，2017–05–12（7）.

［34］徐绍史. 统筹国内国际两个大局的战略抉择：深入学习习近平总书记关于“一带一路”战略构想的重要论述［J］. 求是，2015（19）：10–13.

［35］王一鸣. 改革开放以来我国宏观经济政策的演进与创新［J］. 管理世界，2018，34（3）：1–10.